KUWEI
酷威文化
图书 影视

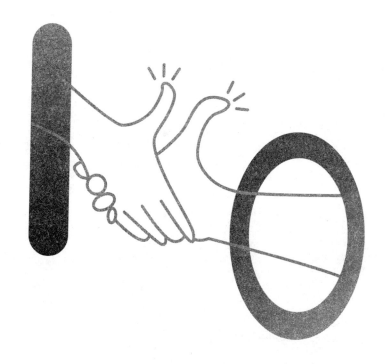

十堂沟通训练课

陈默 ——

著

山西出版传媒集团 山西人民出版社

图书在版编目（CIP）数据

十堂沟通训练课/陈默著 . -- 太原：山西人民出版社，2020.6
ISBN 978-7-203-11255-6

Ⅰ . ①十… Ⅱ . ①陈… Ⅲ . ①人际关系－通俗读物
Ⅳ . ① C912.11-49

中国版本图书馆 CIP 数据核字 (2020) 第 035524 号

十堂沟通训练课

著　　者：陈默
责任编辑：郝文霞
复　　审：吕绘元
终　　审：秦继华
封面设计：ABOOK 晨书工作室 Echo Design 0Q1603087572

出 版 者：山西出版传媒集团·山西人民出版社
地　　址：太原市建设南路21号
邮　　编：030012
发行营销：0351—4922220 4955996 4956039 4922127（传真）
天猫官网：https://sxrmcbs.tmall.com 电话：0351—4922159
E — mail：sxskcb@163.com 发行部
　　　　　sxskcb@126.com 总编室
网　　址：www.sxskcb.com

经 销 者：山西出版传媒集团·山西人民出版社
承 印 厂：北京永顺兴望印刷厂

开　　本：880mm×1230mm　1/32
印　　张：6.5
字　　数：110千字
印　　数：1—1000册
版　　次：2020年6月　第1版
印　　次：2020年6月　第1次印刷
书　　号：ISBN 978-7-203-11255-6
定　　价：39.80元

目 录
CONTENTS

正视沟通的力量

◇ 了解沟通的重要性

说到沟通，可能很多人都不以为意，认为沟通不就是说话聊天吗？但是，很多人忽视了沟通外在形式之下隐藏的内在含义。沟通能力包括表达能力、倾听能力和设计能力。很多人忽视了沟通的重要性，没有意识到有效的沟通能够高效地解决生活乃至职场的许多问题。

前几天，邻居家一个正在上高二的小姑娘向我诉说了最近生活上的一些烦恼。距离高考的时间越来越近，学校和家庭都在不同程度上给她施加压力，小姑娘觉得自己时刻都处在高压之中，简直透不过气来。父母总是说为她好，说，只有好好学习以后才会有更好的出路。她其实也清楚自己该做什么，但父母一味地劝说，招来的反倒是她对学习的厌烦情绪。每次跟爸爸妈妈谈论与学习有关的问题时，他们只是一味地用自己的想法去说服她，根本不愿意去了解她想要什么。到后来，他们再也没有好好沟通过，她对父母的那些教导已经习惯性地忽略，而且再也不愿意向父母倾诉自己的意愿了。

这其实是一个很常见的现象。太多家长习惯于把自己的意志强加在孩子身上，然而对于孩子来说，这份期望是他们承受不起的，所以有时候顺其自然就好。但这只是一种美好的愿景，现实中很多家庭，父母与子女都做不到坦诚交流、互相尊重。彼此之间没有深入沟通，父母越来越难以了解孩子的想法，所以代沟越来越深。在各种矛盾被激化之后，亲子关系不断恶化，彼此之间产生严重的隔阂。

所以说，学会如何沟通是一件很重要的事情。在生活中，需要沟通的对象往往是我们的亲戚朋友，这意味着这段关系是需要去维系的。最好的沟通是心与心的沟通。只要用心沟通，没有解决不了的事情。耐心地面对亟待解决的问题，就一定能够找到合适的办法。从心出发，才能将心比心，才能更加了解彼此的想法，取得更好的沟通效果。

沟通能力是在人与人之间的交往中不断提升的，频繁有效的沟通在拉近人们之间距离的同时，也能让你的沟通能力突飞猛进。在明确了这一点之后，我们很容易得出以下结论：首先，沟通能力作为一种人际交往能力，它能够有效地缓和人与人之间的冲突和矛盾。其次，沟通能力并不是人人都具备的，也就是说沟通能力是需要培养的。我们在日常交往中一定会遇到一些让人不开心的谈话，这就是彼此沟通能力不足的表现。沟通是为了能够更好地解决问题，它应该是一个让双方都感到舒适的过程。最后，沟通需要技巧，没有哪个销售员从一开始就是金牌销售，沟通高手也需要不断地从失败中总结教训，在实践中不断纠正自己的失误，提升自己的沟通能力。在沟通的过程中借助一些技巧，能够更加快速有效地达成自己预定的沟通目标。

在我们的日常生活中，可能会发生这样的事情：原本亲密无间的两个人忽然之间就形同陌路了，其中的原因不过是两个人在一些事情上闹得不愉快了。其实，这只是我们在日常生活中碰到的诸多案例中的一个，针对同一件事情，我们固然会有不一样的观点，但是为什么分歧最后非但没有解决，反而导致最坏的结果呢？我身边有很多人跟我倾诉：我总是把人际关系搞得一团糟。难道与人相处真的那么难吗？其实并不是这样的，要怪就怪你的想法太消极——不去认真地解决问题，而是觉得太麻烦，心想，算了吧。最后，这段关系真的就结束了。如果能够真正地重视沟通，积极地提升自己的沟通能力，且行且珍惜，那么所有的问题都可能迎刃而解。

在工作中，沟通的作用更是不可忽视。工作流程大多是一环扣一环，一旦沟通不及时，带来的往往是连锁反应。一个环节出现问题，意味着整个项目都可能会失败，这时候带来的是时间和金钱的双重损失。一个项目参与的人数往往很多，很难满足每一个人的要求，这时候大家一般会遵循"少数服从多数"的原则。但如果遇到固执己见的职员，那么一位优秀的管理者必须采取及时沟通的方法，与对方尽快达成共识，避免在后续的工作中出现更大的问题。

有时候，正是因为我们对沟通重视不够，任由问题扩大，最后才不得不消耗大量的时间和金钱对项目进行补救。学会在问题刚刚萌芽的时候就加以重视，利用积极有效的沟通寻找解决的办法，才能避免失败的结果。处理复杂关系的最好方式就是沟通，只有在正确的时间进行正确的沟通，彼此才能达成共识，取得"双赢"的结果。

随着社会的快速发展，人们越来越适应快节奏的生活。但是匆忙的生活节奏让我们失去了与人交谈的耐心，以至于我们往往会忽略沟通能力的培养。对于个人来说，无论是在工作还是在生活中，学习必要的沟通方法、培养有效的沟通技巧、提升自己的沟通能力，都是十分必要的。

◇语言的双面性

　　在职场中，通过沟通交流，正确地传达信息，明确地说出自己的需求，能够有效地提高工作效率。语言是沟通的桥梁，语言表达能力最能体现一个人的沟通能力。暖心的话语能够有效地化解矛盾、解决问题，让参与沟通的人都感到愉悦和满足。而不会说话的人，则会把事情弄得一团糟，最后不但问题没有解决，矛盾反而进一步加深了。人与人之间因为沟通，才产生了更多的可能性。提升语言技巧，能够帮你更好地表达自我，建立良好的人际关系。

　　对于从事服务行业的人来说，善于沟通是一项非常重要的能力。大部分人恐怕都遇到过向顾客推销产品的服务人员，而沟通能力就是决定他们业绩高低的关键因素。

某天晚上，我和朋友吃过晚饭，看天色还早，决定一起去剪头发。我们进到理发店之后刚坐下没多久，还没有决定剪什么样的发型时，这家店的服务员就开始生硬地推销起了会员卡。我们不过好奇地询问了几句，他就立刻和前台说我们要办会员卡。我和朋友惊呆了，赶紧说自己不想办卡，不料他又开始了另一波强力推销。在我们剪头发时，他也聒噪个不停，絮絮叨叨地向我们两个推荐烫染服务。最后他的推销没有成功，我和朋友很不愉快地离开了那家理发店。在服务行业中，推销应该是隐形存在的，适当而有效的推销行为必须以顾客不会反感的方式进行。说话是一门艺术，语言运用得当自然可以帮助我们传递信息、建立良好的人际关系，反之，失败的语言表达可能会引发各种各样的问题。

　　同样的语言在传递信息的时候会产生截然不同的效果，主要的影响因素就是语气、语调和语速。即使是表达同一个意思，在表述方式上也可能会有很大的不同。譬如当你打趣地说"不要烦我嘛"，和严肃认真地说"安静一下"，表达的意思差不多，却会带给人们不一样的感受。第一句话的语气显然更为温和、亲切，委婉而含蓄地表达了自己想要安静一下的意愿；第二句话的语气则显得比较强硬，有命令的意味，在他人看来，这样的表达意味着你可能生气了。既然在相同的语义之下，不同的表达方式会产生不同的效果，那么，我们该如何更加准确地表达自己的本意，减少误会的发生呢？其实很简单：第一，柔声细语；第二，礼貌待人；第三，言简意赅。我们如果在沟通中做到了以上三点，那么无论是在工作中还是在生活中，都能游刃有余地维系好自己的人际关系，从而实现协作共赢。

首先，学会柔声细语。在与人进行沟通时，柔声细语的交流更有利于问题的解决。如果在沟通中语气生硬或者大吼大叫，只会让场面变得难以收拾，使得对话双方的矛盾加深。柔声细语拥有温暖人心的力量，往往比训斥更有说服力和感染力。

其次，学会礼貌待人。在与他人交往的过程中，保持应有的礼貌是最基本的沟通原则。我们在遇到熟人时，要主动问好；在接受他人的帮助时，要及时感谢；在不小心冒犯别人的时候，要主动说"对不起"。礼貌待人，能够让人与人之间的关系更加和睦、融洽。礼貌待人能够拉近人与人之间的距离，在举手投足之间，展现自己良好的教养，用亲切温柔的人格魅力去结交更多的朋友。

最后，学会言简意赅。在与人进行沟通的时候，言简意赅地表达自己的观点，能够让沟通更加快速、顺畅地进行。有的人习惯于在交流的时候说很多话，但是在他的表达中却找不到重点，让人摸不着头脑。有一个成语叫"言多必失"，有时候说得太多，反而会适得其反。在沟通中，与其长篇大论地说上几个小时，不如在几分钟内言简意赅地陈述自己的观点，表达自己的看法。这样才能让对方快速了解你的意图，从而达到沟通交流的最终目的。沟通效率是考量沟通能力的一个重要指标，言简意赅地表达自己的观点，能够节约沟通的时间成本。

沟通过程中抛出的每一句话就像是一枚硬币的两面，总会有人在重要的沟通场合中摔跟头。记住，无论如何一定要具备最基本的沟通礼仪，这样哪怕你说错了，也有可能被原谅；否则，你连解释的机会都没有。我们要善于运用真诚的语言，让彼此在沟通过程中增进了解，加强默契。

◇ 沟通能力测试

　　沟通能力的强弱影响着事业的成败。拥有良好的沟通能力能够开辟人生捷径，让你更加快速地达成自己的目标。然而，很多人并不清楚自己的沟通能力到底如何，以至于经常怀疑自己是否能够清楚地表达自己的意愿。这样的人在沟通过程中常常处于心理劣势，哪怕其能力再出众，也有可能因为自卑而将事情搞砸，让自信心一次次受挫。

　　良好的沟通能力能帮助我们建立良好的人际关系，对事业和生活都有极大的帮助。如何更好地评估自己的沟通能力呢？下面有一道经典的面试题。这道题目出自国内的心理测评专家白玲老师，它能够帮助招聘者准确地测试出应聘者的沟通能力，为企业招到优秀的销售人才。

这道题目的内容是：现在，你将要参加一家企业的面试，这次面试可能会给你的前途带来新的转机。不幸的是，由于出门过于着急，你忘记换鞋，直接穿了一双拖鞋前去参加面试。现在，距离面试开始还有20分钟，你没有时间回去换鞋。刚好这时你的眼前出现了一个人，他拎着一双高档的皮鞋。你身上只有20块钱，你该如何用这20块钱换取这双皮鞋？并且，对方明确表示这是一双刚买的新鞋，价格昂贵，他很怕你穿走之后不还。在此情况下，你该如何从对方那里借到皮鞋？

看到这道面试题，你有什么想法？如果这正好是你应聘时遇到的题目，你该如何作答呢？你如果对自己的沟通能力有疑问，不妨尝试着回答一下这道题。根据对上述问题的回答，你就可以从具体的表现上来评判自己的沟通能力究竟如何。

沟通能力强的人表现如下。首先，遇到问题之后会尽快地进入状态，正视已经发生的问题，并且明确自己的说服目标，以解决问题作为最终目的。假如你是那个应聘者，那么对于你来说，你需要做到的就是说服对方把鞋子借给你，手提鞋子的那个人就是你的说服目标。其次，换位思考。对方为什么不愿意把鞋子借给你？无非因为他有顾虑，你需要站在对方的立场上，表明自己非常清楚他不愿意借鞋的原因。但是，你也要说明自己的难处，诚恳地告诉对方这次面试对于你来说是多么的重要，并且你已经没有时间再去准备一双新鞋了。最后，针对对方的顾虑，提出合乎情理的解决办法，说服对方借鞋给你，完成面试任务。

沟通能力弱的人表现如下。一是面对问题的时候，不能够正视问题所在，逃避问题。你会先入为主地认为对方根本不会借鞋给你，在这样的心理暗示下，你会有意无意地回避问题，不深不浅地触碰问题的表面，甚至找理由避免去说服对方。二是无法转换角色。在对方说出他的顾虑后，你认为这代表着拒绝，觉得事情根本没有转圜的余地，从而产生消极情绪，甚至放弃说服行动。

其实只要明确沟通目标，尽力一试，就有希望解决这个问题，但是很多人在沟通的过程中并没有沟通意识。我们将其称之为"缺少沟通自觉"，这种情况在很多不擅长沟通的人身上十分常见。我们今天做这个沟通能力测试，其实也是希望通过这个简单的题目，让大家清醒地评估自己的沟通能力。但无论测试结果是什么，你的沟通能力都不是一成不变的。任何事物都是发展的，沟通能力也是能够通过学习和练习得到有效提升的。具体来说，就是做到以下几点。

沟通自觉

沟通自觉就是有明确的沟通目的，能够在沟通的过程中确定自己的沟通目标，并在沟通之前有针对性地做好内容准备。然后，在交流的过程中，有条不紊地进行协商，最终达到自己的目的。

在销售行业，一般来说，每个销售员在销售产品之前，都会进行充分的准备工作。例如，在房地产行业，销售员会对自己负责的区域进行实地考察，对楼盘周边的配套设施、交通状况等了如指掌，因为对他们来说，对负责区域的了解程度会直接影响他们的销售业绩。一个在房地产领域做销售工作的朋友曾经这样跟我说："我需要做的就是在每一次的销售谈话前，有针对性地了解客户的需求，并且站在客户的立场上去思考问题，然后提出切实可行的方案。只有清楚地知道客户想要的是什么和我能给予的是什么，才能更好地实现有效沟通。"

树立沟通自觉意识对于有沟通目的的人群来说是极其重要的。沟通自觉就像是航行的灯塔，只有当你有了航行目标，才能够准确、快速地到达目的地。

敢于犯错

一个人沟通能力差，最主要的原因就是害怕犯错。当你想要开启某个话题，与别人进行沟通的时候，你心中就会有一个名叫"胆怯"的怪物出现，特别是对于刚刚步入职场的新人来说，这样的心理反应很正常。想要把事情做到完美，但是能力不足，所以说话时没底气、不自信。殊不知一开始就把事情做到百分之百令人满意，不论对于哪个人来说，都是极其困难的。人非完人，孰能无过？学会接纳不完美的自己，然后大胆尝试，不断吸取经验教训，慢慢进步，这样才能改变自我，获得成功。

电影《国王的演讲》中的主角——英国王子艾伯特就是一个不自信的存在。因为生理缺陷——他患有严重的口吃，这让他无法正常地与人进行交流，以至于越来越自卑。在语言治疗师的帮助下，他成功地克服了自己的心理障碍，最终在公众面前发表了一场振奋人心的演讲。

在公共场所进行表达的时候，我们因为害怕犯错，所以一次次畏缩。然而正是一次次的犯错，才让我们的缺点暴露出来，让我们在实践中完成自我认知，并且有针对性地加强训练，继而实现自我超越。

越是害怕说错话，越要勇敢地去说，一味地畏畏缩

缩是不能解决问题的。在刚刚迈入职场时，我也不太敢
在大庭广众之下发表自己的意见，总是担心自己的想法
幼稚，被人嘲笑。当时的我作为一名职场小白，最大的
愿望就是不要被人注意。后来，我因工作需要必须自己
去跟客户进行协商——幸好在协商之前，主管跟我详细
地说明了沟通内容和在这个过程中需要达成的目标。我
针对协商主题完成资料收集工作后，就不断地进行心理
建设，暗示自己"我能行"，不断地在心中演练谈话内容。
虽然在真正的沟通过程中，我的表现中规中矩，最后的
结果却令人满意。当然，这次小小的成功也让我认识到，
勇于接受挑战会让自己在全新的领域实现不一样的自我
价值。有犯错的勇气，才会有成功的可能。

有效沟通

在与人交流时，表达不明确会导致倾听的一方不明所
以，两人的沟通无法处在同一频道，很可能会导致沟通
失败。在我们的日常生活中，因沟通时对不上点而引起
的误会是非常普遍的，所以将自己的意思明确地表达出
来是我们急需掌握的基本沟通技巧之一。

总之，沟通无处不在，沟通能力的提升刻不容缓。

◇ 细节决定成败

　　我们常说，细节决定成败，但是我们在与人沟通时，又往往会忽视细节。最近，一位朋友向我哭诉，说她感觉自己在职场中受到了排挤。她明明小心地维护着与同事之间的关系，有时候却能明显地感受到大家对她的冷淡。就拿之前公司内部的一个项目来说，她是主要负责人，但是当项目在执行过程中遇到困难时，那些同事会向其他主管问计问策而不是向她咨询。她其实是很乐意帮助同事解决问题的，但是却没有人来找她。为什么会这样呢？按理说，她的工作能力和敬业精神是相当出色的。我在跟她谈心后发现，她最大的问题就是不主动跟同事进行沟通，再加上她在工作中表现得很强势，导致同事遇到困难宁愿找其他人咨询，也不愿意找她这个直属主管解决。这就是典型的沟通意识不强所导致的人际关系问题。

在工作和生活中，对于某人，我们常听到诸如"他说话太严肃了，我不敢跟他交谈""我觉得这个人不太好说话"之类的评价。为什么他给人的印象是这样的呢？是什么导致他成为难以靠近的角色？我认为，主要是因为他忽略了沟通细节的重要性。真正的沟通高手，都是非常注重细节的。

眼　神

美国教育学家克拉克曾说过"要用眼睛和他人沟通"。在与他人建立关系时，给予合适的眼神能够加快彼此之间的了解。在观看电视剧时，有时候剧情还未揭示人物关系，我们就能够判断出来某个人是隐藏的反派。我们判断的依据常常就是角色的眼神，从细微的眼神变化中，我们能够捕捉到非常宝贵的信息。同样，在与人沟通的过程中，我们要利用好眼睛这扇"心灵的窗户"。那么我们该如何利用眼神恰如其分地传达信息呢？

首先，肯定的眼神。我们在与人进行沟通的过程中，特别是在对方说话的时候，常常会因为对谈论的话题不感兴趣或者其他原因，无法把注意力集中在谈话上，从而将视线飘向其他地方或者呆愣出神。这种情况就会给对方留下极其不好的印象，对方可能觉得你不尊重他，由此引发两人之间的敌意。

在对方表达观点的过程中，我们常常忽视自己在倾听时应该做出的一些举动。例如，当对方针对某一问题表述意见的时候，他需要一个肯定的目光，而这时的一些眼神接触能够让你们之间的关系更加亲密。如果你在对方需要肯定的眼神的时候目光躲闪，只会让对方觉得不自在，增加彼此之间的隔阂。

其次，尊重的眼神。在面对陌生人的时候，我们会不自觉地进行观察，但是这种观察需要把握好分寸，并保持适当的距离。在陌生人面前，存在戒备心理是情有可原的，但是你并不能以此作为借口冒犯他人。特别是对于第一次见面的朋友，我们应该尽可能保持礼貌，不要给别人带来心理压力。在工作中，我们难免会遇到一些没有礼貌意识的朋友，尤其是在初次见面进行自我介绍的时候，我们能够感受到对方的眼神在自己身上来回打量。其实，人们对于他人投来的目光是能够感应得到的，这是因为我们的潜意识在发挥作用。在我们跟他人接触的过程中，让对方感到舒适是最基本的素养和待人礼仪。

那么，在与人相处的过程中，我们应该怎么做呢？第一，目光要亲切友善，不要一动不动地一直盯着对方看，同样也不要眼神躲闪。第二，在跟他人交流的过程中，眼神要随着对方的语气和情绪发生相应的变化。通过眼神的变化，表达自己的善意，拉近彼此之间的距离。最后，信任的眼神。眼神其实是一种无声而美好的语言，当我们无法用语言表达情感的时候，就可以让眼睛来"说话"。眼神可以表达肯定、愤怒、轻视等情绪，将各种各样的情绪外化。比如说，被误会时一个信任的眼神就能够让你瞬间感动。这就是眼神在人际交往中的作用。

姿 势

姿势在沟通中也很重要。一个常见的例子就是在演讲中，演讲人会通过一些身体姿势的变化，让听众更加专注地聆听。其实对于沟通来说，各种身体语言的运用都是极其重要的。恰当的沟通姿势能够让沟通变得事半功倍，错误的沟通姿势则会严重影响沟通质量。

首先，不要跷二郎腿。当双方处在一个共同的谈话场景中时，跷二郎腿会在潜意识中透露出你的态度，这会给对方带来极大的压力。一般来说，跷二郎腿会让人觉得你在逃避问题。当你在沟通中做出这个动作时，对方就会认为对于你们正在商议的问题，你并不是非常认可或者并不感兴趣。那么，这个沟通就变得磕磕绊绊，甚至以失败收尾。我们该如何解决这个问题呢？其实很简单，如果实在想跷二郎腿，就要保证我们的身体是向对方倾斜的，这会让对方觉得你在专注地倾听。当然，最好是不跷二郎腿，这个姿势原本也不怎么雅观。

其次，不要双手抱臂。大多数人应该清楚这个姿势的意思，这个姿势代表着自我保护，拒绝他人。这个动作说明我们想要为自己留出足够的空间，不想被其他人打扰。当这个动作出现在沟通过程中时，可能就会被对方默认为是拒绝的意思。所以，在与人沟通交流的过程中，应尽量避免做出这个动作。

最后，不要用手指着他人。手指他人通常代表指责、怪罪等意思，其实这是一个带有攻击性的、非常没有礼貌的手势。有时候我们做这个手势可能并没有指责或攻击的意思，但即使你的本意是和善的，这也仍然是不礼貌的行为。所以在与人沟通交流的过程中，切忌用手指着他人。

表　情

在与人沟通的过程中，影响沟通结果的因素有很多，表情亦是其中很重要的一个。表情会暴露我们的态度，恰当的面部表情能够让沟通越来越深入，越来越融洽。面带微笑，是解决一切问题最好的、也是最简单的办法。但是，有时候我们难免会情绪失控，如果不能够及时地控制自己的表情，很容易引起不必要的误会，导致沟通彻底失败。

表情能够体现一个人的喜怒哀乐，它能够让我们及时感受到对方的情绪变化，所以做好表情管理，能够提升自己在沟通中的魅力，使沟通变得轻松、高效。

总之，细节决定成败，在沟通中一个不经意的眼神、动作和表情，就可能让我们之前所有的努力都付诸东流。因此，避免一些不恰当的行为，能够让沟通更顺畅、更愉快。

Lesson 2

第 二 课

你的沟通方式正确吗？

◇因人而异的沟通

正确的沟通方式能够有效地达成沟通目标。

在我们的生活和工作中，经常碰到"会说话""会与人打交道"的人，我们羡慕他们能够游刃有余地处理人际关系，反观自己，却往往因为不会说话而得罪人。会说话真的有这么重要吗？脚踏实地地把自己该做的事情做好不就可以了吗？人们不是常说"是金子总会发光的"吗？不，是金子未必会发光。金子也可能会被埋没。世界上能够真正获得成功的人，除了拥有高智商和勤勉的工作态度之外，高情商也是必不可少的。所谓的高情商，其实就是会说话、会沟通。正确的沟通方式能够让你在人际交往中获得信赖和帮助。尤其是在职场中，不恰当的沟通方式可能会让你错失很多宝贵的机会。

采用什么样的沟通方式，要看沟通对象是谁。面对不同的沟通对象，我们应该采取不同的沟通方式。只有这样，才能有的放矢。在职场中，我们打交道最多的就是领导、下属和与自己平级的同事。处理好单位内部的人际关系有助于营造和谐的工作氛围，形成良好的分工合作模式，提高工作效率。

首先，要处理好与领导之间的关系。跟领导关系的好坏往往会影响你的发展空间和升迁机会。在与领导打交道的过程中，我们如何把话说到领导的心坎里呢？有的人可能会不屑一顾地说："那能怎么办？跟领导相处，肯定是要拍马屁呀。"其实，所谓的"拍马屁"，也要看是不是拍对了地方。在跟领导相处时，有的人为了"拍马屁"而"拍马屁"，比如说在领导面前夸赞"您真是我的偶像啊，是这世界上最厉害的人"。这种浮夸、虚伪的奉承其实并不会让你的领导感到开心，反而可能会让领导觉得"这个人有些不靠谱"。当我们夸奖别人的时候，最重要的是情感真挚，那些没有任何诚意的假、大、空式的夸赞，只能让对方反感。只有发自肺腑、自然流露的真心话，才具有可信度；讲真话，才是正确的夸赞方式。按照这个思路，我们可以对领导说："您真的很自律，几十年如一日地坚持跑步，我要多多向您学习。"从细微之处发现领导的优点,比千篇一律的奉承要高明得多。如果你的夸赞以这样的方式表达出来,就会让对方感受到你的诚意和用心。在跟领导相处的过程中,我们要注意多观察、多思考,落落大方,言语得体,这样才会显得你与众不同。

其次,要处理好与下属之间的关系。在与下属相处的过程中,我们要做到"望之俨然,即之也温"。在工作上坚持原则、庄重严肃,在私交中态度和蔼,让人觉得如沐春风。好的工作关系是指大家像朋友一样善待对方。我身边的一个主管就是这样的存在,她在工作的时候,一丝不苟,十分敬业,在私下里则与同事打成一片。这才是一个管理者应该具备的基本素养。

最后,要处理好与平级同事之间的关系。我们发现,有些老员工仗着自己工龄长、资历深,无限压榨新员工,这样的事情在企业中屡见不鲜。有些老员工把自己的工作推给新人做,而刚刚进入职场的新人也是敢怒不敢言。殊不知,这样的行为非但不利于同事之间的相处,而且可能会断送老员工自己的前途。因为有很多工作是需要同事之间相互配合才能完成的。不管你是新入职的员工还是老员工,唯有与同事愉快地相处,才能让工作顺利地推进。

◇ 幽默的七种魔法

　　适当的幽默能够有效地缓解尴尬，调节气氛。我们的生活离不开幽默的调剂，具备幽默感的人，能够让人们在相处的过程中更加轻松、愉快、和谐。跟具有幽默感的人相处，能够缓解生活和工作中的烦恼和压力，能够让我们更加积极地面对人生。

学会自嘲

　　一位主持人在某次活动中不小心被绊倒在地，观众还没来得及反应，他就平静地说道："我的翻滚动作还不过关，专业的表演请看接下来的舞狮节目。"他的应变能力真的很强，很好地展现了一个主持人的功力和素养。

在这样的场合，快速的反应能力和适当的自嘲不仅缓解了因为绊倒带来的尴尬，还巧妙地串联起了下一个节目，可谓机智过人。

在生活和工作中，让人尴尬的事情并不少见。有的人在面对突发状况时应变能力不够，很容易成为笑柄。在别人还未出手之前就主动出击，把原本让你丢脸的事情拿出来自我解嘲，最后自圆其说，这种做法非常聪明，也非常实用。但是运用不当也有可能使事情变得更加尴尬，所以要在实践中反复地练习和揣摩。

借力打力

在生活和工作中，不免会遇到一些故意刁难我们的人，这时候又该如何应对呢？有一次，歌德在公园散步的时候遇到一位批评家，这个批评家一直都对歌德的作品嗤之以鼻。批评家看到歌德后傲慢地说道："你知道吗？我是不会给傻瓜让路的。"说完径直向前走去，批评家是想借此机会打压歌德，让歌德主动给自己让路。这时候，歌德不慌不忙地说道："我恰恰相反。"歌德边说边避开了这位批评家。

歌德的做法非常机智，将对方的话语"借"过来，以其人之道还治其人之身，巧妙地化解了尴尬的局面。如果我们在工作中被人刁难，不妨学一学歌德的做法，抓住问题的关键所在，一击即破，变被动为主动，掌控局面。

准备笑料

幽默是调节气氛的润滑剂。在人际交往中，场面尴尬或者沉闷的时候，讲个笑话能够有效地调节气氛。多积累几个笑话并在适当的场合讲出来，你会慢慢地变成一个风趣的人。比如说，你在和朋友一起等车时，就可以给对方讲一些笑话，不仅能够打发时间、调动情绪，还能够缓解等车期间的无聊。当然，讲笑话也是需要看时机的，并不可以随时随地、不合时宜地上来就讲。为了展示自己的幽默感，有的人不分场合地乱讲笑话，这样做不仅不能让气氛变得融洽，反而会令大家感到尴尬。

所以说，讲笑话也要注意场合和分寸。幽默不是油嘴滑舌。真正的幽默感会帮助你树立良好的形象，会让你在朋友中收获好人缘。

留有余地

有的人喜欢拿别人的缺点和痛点开玩笑，当对方生气的时候他还轻描淡写地说："我只是开个玩笑，不要太当真。"按照他的意思，如果你生气了，那是你太小气。这样的人好像完全不知道对方有多么反感，一直沉浸在"我很幽默"的自我认知中。殊不知这并不是真正的幽默，真正的幽默不是在别人的伤口撒盐，而是让人感到舒适和温暖。

把自己的快乐建立在他人的痛苦之上，这本来就是一件不道德的事情。自以为是的幽默，不仅伤害了别人的自尊心，还破坏了彼此之间的感情。所以在与他人相处时，最重要的就是要学会相互尊重。唯有相互尊重，友谊才能够天长地久。

一语双关

一语双关是指一句话包含两个意思。在沟通过程中，使用一语双关的修辞手法，能够得到意想不到的表达效果。例如，一个人说"今天天气很好"，但事实上，今天略微有点雾霾，天气并不是很好。那为什么这个人会这么表达呢？可能是因为说这句话的人心情很好，所以用"天气很好"暗示自己的情绪很好。就像在表达"我爱你"的时候，夏目漱石说："今晚的夜色真美。"

在一次演讲会上，作家王蒙发现听众的情绪并不高，于是在演讲开始之前，说了这样一段开场白："由于最近感冒，所以在演讲的过程中我说话的声音可能会小一些，还希望大家能够原谅。但是，我想这也不是坏事，这也在提醒我要少说话多做事。"他的这段开场白极具亲和力，一下子就把观众的注意力吸引到了台上，而且颇具哲理，令人回味无穷。

反语幽默

反语幽默是指正话反说，或者反话正说，含有否定、讽刺的意思，带有强烈的感情色彩。

有一次，鲁迅先生的侄女，也就是弟弟周建人的女儿，问了鲁迅一个问题："你的鼻子为什么比爸爸的矮一点，扁一点呢？"鲁迅先生回答说："我的鼻子和你爸爸的鼻子原本是一样的，但是因为后来的居住环境不太好，到处碰壁，因此就比你爸爸的鼻子矮了一些，扁了一些。"鲁迅先生不仅巧妙地回答了小侄女的问题，还批判了当时令人"到处碰壁"的社会现实。

需要注意的是，当我们在使用反语幽默的时候，要注意分寸，因为一不小心可能就会冲撞他人，严重影响双方的关系。

夸张式幽默

春秋时期，楚国有一个叫优孟的人。楚王有一匹爱马，马儿生前受到了皇族般的待遇，楚王把它养在宫殿之中，吃喝都是最好的。但是这样的日子并没有持续太久，马儿由于过度肥胖病死了。于是，楚王就想为马儿举办丧事，他召集大臣商量丧事应该如何操办，大臣纷纷献言表示反对楚王的这一荒唐行为。楚王大怒。这时，优孟提议以人君的礼节进行操办，不仅葬礼要办得风风光光的，还要为其建祠立庙。楚王听了优孟的话，羞愧极了，之后再也没有提过这件事。优孟面对君王的胡闹，不仅没有进行阻止，反而顺着他的意思并且极尽夸张之能事，这样反而使楚王察觉到了自己行为的荒谬，主动放弃了错误的想法。

当事情夸张到一定程度，便会产生一种独特的荒诞效果。通过这种夸张式的幽默来凸显事情的不合理性，往往能使人醍醐灌顶，茅塞顿开。

美国心理学家赫布·特鲁说："幽默可以润滑人际关系，消除紧张，减轻人生压力，使生活更有乐趣。它把我们从个人的小天地里拉出来，使我们一见如故，觅得益友。它帮助我们摆脱窘迫和困境，增强信心，在人生的道路上知难而进。"

幽默是一种奇妙的沟通方式，当我们用它表达自己的意见时，往往更容易被他人接受。幽默能带给人愉悦，当彼此心情愉悦时，更容易达成共识。当然，不管哪种幽默都要适度，只有把握好尺度，才能发挥它的最大作用。

◇赞美，沟通必备技巧

在与人交往时，你会发现，适时地夸奖对方，会使你们之间的谈话更加愉快。当你跟女性交流时，如果夸她的衣服、妆容漂亮，你们马上就可以畅聊起来。相反，如果贬低、嘲讽对方，那么你们谈崩的可能性很大。

美国心理学家威谱·詹姆斯说过，人性最深刻的原则就是希望别人对自己加以赏识。喜欢听到赞美是人的天性。一个人得到赞美时，就会更有勇气和信心生活下去，也会对赞美自己的人心存好感。真诚的赞美能够赢得对方的信任，所以想要与人沟通顺畅，就要学会赞美别人。

小刘是一名化妆品销售员，刚开始工作的时候，完全不知道如何向顾客推销产品。每次介绍完产品，都只能傻傻地看着顾客离开。后来，她开始观察其他销售员如何与顾客交流。她发现在推荐化妆品之前可以先和顾客聊一聊对方感兴趣的话题，如赞美对方的衣服、配饰等。了解到与人沟通的技巧后，小刘再次向顾客推销产品时，主动赞美起了对方的包包，并与之攀谈起来。她从顾客的口中得知，这款皮包价格不菲，是某品牌的限量款。于是，小刘从追求生活品质的角度大做文章，向其介绍了一款顶级护肤产品，以迎合这位顾客的消费需求。果然，这位顾客有些心动，并且最终购买了她推荐的产品。

在沟通不畅的时候，主动出击，寻找新的突破口，有助于改变沟通结果。小刘另辟蹊径，通过赞美对方获得了更多的沟通时间，从而达到了一个完美的沟通效果。赞美就是具有这样的魔力，它能给人带来美好的体验，能够有效地拉近彼此之间的距离。但是，赞美并不是千篇一律的夸赞，赞美的滥用不仅不能够达到理想的沟通效果，还可能适得其反，给对方留下轻佻、浮夸、不可信赖的印象。那么在赞美别人的时候，我们应该注意什么呢？

善意地迎合

赞美本身是一件令人愉快的事情，但是在某些情况下，赞美反而变成了锋利的刀刃。不合时宜的赞美是有失礼貌的行为。善意地迎合对方不代表你认同对方的看法，而是礼貌待人的一种表现。善意地迎合不是阿谀奉承，不是放弃底线，而是尊重别人自由表达意见的权利。

在与朋友相处的过程中，意见不合是很正常的，但是对于 Y 小姐来说，这种事情几乎是不存在的。她的身边有众多朋友，她能够跟每一个人都相处得特别好。有时，我甚至觉得 Y 是不是有什么魔法。后来我问她，她是这样回答的："有时候我并不赞同某些观点，但假如大家都固执己见，争来争去，最后的结局可能就是不欢而散。别人表达自己的看法，其实就是想要得到认可。所以有时候善意的迎合才能使沟通继续下去。"

在沟通过程中，学会善意地迎合他人，就好比在购物过程中，你喜欢白色，她喜欢黑色，简单的一句"这个颜色跟你很搭"，就能够避免陷入"哪个颜色更好"的争论的泥潭。善意地迎合是一种大智若愚的表现，能够减少不必要的矛盾。

赞美要适度

有些人总是把赞美挂在嘴上，对所有的人都说着同样的话，这种高频率的赞美不仅不会让对方感到开心，反而会让对方对你产生不信任的感觉。赞美过头，就是奉承巴结。如果在对方并没有觉得自己与昨天有什么不一样的时候，你来一句"你今天比昨天好看"，其实真的不会让对方觉得高兴。因为你所说的话根本不能让对方信服，反而会让对方觉得你其实没有关注过他，只是装作关心的样子，这会破坏你在对方心目中的形象。适度地赞美他人身上的闪光点，能够让对方感到一种被关注的幸福。每个人都害怕孤独，当我们的优点被认同的时候，我们都会不自觉地在心中暗喜，这是人的天性。所以，给予对方精准的赞美，更能让感情升温。

赞美要说到点子上

一位女生周末的时候去同学家玩，开门的是她同学的哥哥。为了给对方留下一个良好的印象，她信口夸道："林哥，你好。见到你真是太高兴了。林枫经常提起你，我们班的同学都羡慕他有你这样一个好哥哥呢。"还没说完就看到对方的脸红得跟关公差不多。原来，她同学的哥哥曾因打架斗殴进了拘留所，这几天刚出来。这位同学的一通夸赞，完全没夸到点子上，反倒揭了对方的伤疤。

想要夸一个人，一定要夸到点子上。这位姑娘的做法非常不可取，简直是戳人心窝啊。赞美一定要从事实出发，找准对方某方面的优点，否则会让对方觉得你言不由衷。

赞美要发自内心

虽然赞美能给人带来美好的情感体验,但是只有发自内心的赞美才能够达到这样的效果。例如,对方让你对他穿的衣服发表意见,你头都不转地说一句"挺好看的",尽管这时候你可能正忙其他事情,但这样不经过思考的赞美,很明显是在敷衍对方,会让对方觉得你不尊重他。其实这样的事情在生活中屡见不鲜,大多数人总是忽略沟通细节,以自己在忙其他事情为借口应付过去。一件微不足道的事情,却可能对你们之间的关系产生不利的影响。所以,当你没时间品评的时候,可以直截了当地说明自己正在忙,对方如果想听你的意见可以让他稍等一下,而不是不负责任地应付对方。

只有发自内心的赞美才会让对方有认同感。比如说,"这个项目你做得很好"与"在这个项目中,你格外细心,扎扎实实地做了很多准备工作"相比,前者明显缺少真实感,让人感觉你就是那么随口一说。只有发自内心的赞美,才能让人感到诚意,才是有效的沟通。

在对比中赞美

不同的赞美方式,能带给对方不同的感受。单刀直入式的赞美，让对方感受到的是热情；救场式的赞美，让对方感受到的是暖意；不经意的赞美，让对方感受到的是知心。其实，还有一种赞美方式，那就是对比式的赞美，能让对方获得一种成就感、自豪感。提及海底捞，人们最先想到的就是它独一无二的企业文化，即"顾客就是上帝"的服务理念。海底捞的服务人员会细心地照顾每一位顾客的情绪，在顾客还未要求提供服务时，海底捞的服务人员已在第一时间内主动满足了顾客的需求。正是这种"地球人拒绝不了"的贴心服务，让海底捞在餐饮行业中脱颖而出，成为餐饮行业的领军品牌；也正是这种找不出缺点的五星级服务，让海底捞的服务人员收到一个又一个好评。曾经有一位顾客这样评价海底捞："在别的地方，我有需求时，喊半天才会有人过来帮助我。然而在海底捞，只要我一个表情，就会有服务员主动上前询问。"正是顾客的认同和赞美，让海底捞的生意更加兴隆。在对比中给予的赞美，更具有说服力，具有强大的激励作用。

赞美是一场没有成本的投资，一句赞美的话语，就能让对方放下戒心，敞开心扉。不要吝啬你的赞美，真诚的赞美，不仅可以成为双方交流的润滑剂，更能提升彼此之间的好感度、信任度、亲密度。

◇ 通过沟通消除分歧

马歇尔·卢森堡在他的书中这样写道:"我认识到语言及表达方式的巨大影响。也许我们并不认为自己的谈话方式是'暴力'的,但我们的语言确实常常引发自己和他人的痛苦。后来,我发现了一种沟通方式,依照它来谈话和聆听,能使我们情意相通,乐于互助。我将其称之为'非暴力沟通'。"事实就是如此,有时候我们用最简单的语言,却带给他人最大的伤害。

比如说,家庭成员常常会因为一些鸡毛蒜皮的琐事而争吵。对于还在读大学的朋友来说,寒暑假意味着要在父母的唠叨中度过。母亲为你准备好了丰盛的早餐,一次又一次地叫你起床吃饭,可是你想睡懒觉,于是你用烦躁的语气表达着自己的不满,狠狠地伤了母亲的心。其实，如果你不想早早地起床吃早餐，可以提前把你的想法明确地告诉父母。有时候，你抱怨自己跟父母之间存在代沟，但当他们想要走进你的世界时，你却紧闭大门，冷冷地拒绝了他们。类似的事例数不胜数，我们经常用冷暴力去处理生活中的问题，忘记了只有面对面地进行沟通，才能消除分歧，化解矛盾。

在一些人看来，冷处理是解决问题的最好办法，他们常常说："等事情过去了就好了。"但是，问题真的会随着时间的推移而消失吗？实际情况是，问题非但不会如你所愿地轻轻飘散，反而会在将来的某一天卷土重来，给你带来更大的伤害。当问题出现的时候，不要不经思考就火急火燎地忙着解决，但也不要拖得太久，待情绪稳定之后，要理性地分析，果断地解决。

那么，如何解决呢？在我看来，应该采取以下方法：一是正视已经出现的问题；二是确定沟通的目的；三是采取适当的沟通技巧；四是有情感地表达自我。

第一，正视已经出现的问题。当问题出现的时候，有人视而不见，习惯性地冷处理；有人则自欺欺人地安慰自己："这只是一个小问题，过段时间就好了。"心理学研究表明，当人们在心理上抵触某件事情的时候，就会下意识地逃避，从而采取一种不愿沟通，抵触交流的态度。而解决分歧最重要的一步，就是正视已经出现的问题。只有正视已经出现的问题，才会使沟通成为可能。

第二，确定沟通目的。在还未开始沟通之前，自己首先应该明确这次沟通需要达成什么目的，也就是你想要通过沟通解决什么问题。有了目标，才能少走弯路。没有明确的沟通目的，也就意味着谈话全无重点，只是在陈述观点，表达情绪，这样就算不上是有效沟通。沟通并不是一个人的独角戏，而是需要两个人共同完成。在沟通过程中，要时刻谨记自己的沟通目的，本着达成沟通目的的原则进行沟通，这样才能够保证两个人掌控好自己的情绪，心平气和地进行协商，而不是二次制造矛盾。

第三，采取适当的沟通技巧。沟通不是简单的聊天，而是要求我们"会说话"。能否达到良好的沟通效果，关键在于是否能够在合适的场合说合适的话。有时候，我们明明想要表达关心，说出口的话却像伤人的利剑。如果不懂沟通技巧，说话口无遮拦，那么不仅不能化解矛盾，反而会使矛盾加深。

最后，有情感地表达自我。在沟通的过程中，无论是语言表达还是非语言表达，都不能冷冰冰的不带感情。态度冷漠会影响双方的沟通质量。当双方出现分歧的时候，必须尽可能地调动面部表情、语气语调、身体语言等手段，充分表达自己的诚意、善意。唯有如此，才能化解矛盾、摒弃嫌隙，使双方的关系回到正常的轨道。

通过沟通去消除分歧是最好的办法。双方只有相互沟通了解之后，才能够站在对方的立场上思考问题，才能够明白对方的感受。有了解才有默契，有沟通才有合作。

走出舒适区，直面沟通中的问题

◇ 沟通≠聊天

在分工越来越精细的现代社会中，沟通变得越来越重要。无论是在学习还是在工作中，有效沟通都能够帮助我们提高管理效率。现代管理之父德鲁克曾经说过："一个人必须知道该说什么，一个人必须知道什么时候说，一个人必须知道对谁说，一个人必须知道怎么说。"在不同的场合中应该说什么话、应该怎么说、应该对谁说，明白了以上三点，才称得上是一个优秀的沟通者。良好的沟通能够减少争吵和尴尬，能缩短彼此间的距离，也会避免一些误会的产生，更能提升团队的战斗力。

可能有人会说："沟通不就是聊天吗？两者没有任何区别啊。"当你说出这句话的时候，就说明你从来都没有认真思考过什么是沟通。在你的认知范围内，"聊天"和

"沟通"是可以画上等号的，这也正是你在与人交流时抓不住重要信息，达不到沟通目的的根本原因。那么，从现在开始，你的认知应该发生改变了。

首先，聊天的内容是千变万化的，可能下一秒话题就跑到别的地方去了；聊天的内容也是很琐碎的，可以从家长里短谈论到社会变化。但一定要牢记的是，沟通的内容不是漫无边际的，是有中心的。双方站在各自的立场之上，只有通过真诚的沟通，才能进行良好的互动和合作。

其次，聊天的目的是不明确的或者说是没有目的的，而沟通是一个相互了解的过程，目的性非常明确。只有对对方所透露出来的信息加以整合，并做出积极的回应，才能最终达成沟通的目的。

我们在明确了沟通和聊天的区别，厘清了二者的概念之后，才能够对沟通有正确的认知。

有的人在聊天的时候能够掌控全场，但是在沟通中却不得要领，所以说一个人的聊天能力并不等同于沟通能力。在工作和生活中，遇到需要与人沟通时，我们都倾向于把那个平常最能说的人推选出来，但是沟通结果并不尽如人意，这是为什么呢？因为善于聊天和善于沟通是两码事。聊天强调的是随意，是无拘无束，是有亲和力；

但是沟通强调的是简洁,是高效,是对信息的解码能力,为了让沟通目的尽快达成,沟通双方往往会直奔主题。

的确,会聊天的人不一定会沟通。想要达到沟通的目的,在聊天时可以借助一些沟通技巧,将聊天变成有目的性的沟通,准确表达,有效倾听,及时反馈,达成共识,实现双赢。

◇ 三思而后"言"

很多人在冒犯了别人之后，会解释说自己"心直口快，有什么说什么"。但是他所谓的心直口快实际上是口无遮拦。这种不成熟的行为很容易得罪人。

李莉是我们公司的老大姐，为人热情，乐于助人，尤其是喜欢帮公司的同事介绍对象，但经她牵线搭桥的男女，最终走到一起的却很少。我们部门有一位三十多岁的女同事，李莉给她介绍了好几次对象都没成。一次闲聊时，李莉一时心急，感慨道："三十多岁的人还不结婚，不是身体有问题，就是心理有问题。"她说这话的时候，女同事正好进来。女同事说："我怎么就有问题了，大姐，你这么说话合适吗？"

李莉听到女同事的诘问，自己也觉得说得过分了，连忙解释道："小王，我不是说你，我是说男的，男的不结婚肯定有问题。"说完，她才想起办公室里还有一位快四十岁的男同事至今未婚。那位男同事默默地看了李莉一眼，没说话，转过头继续工作。大家面面相觑，瞬间安静了下来，好好的气氛就这样被破坏掉了。

因此，我们一定要管好自己的嘴，别像我的同事李莉那样，什么话都不假思索地脱口而出。俗话说："恶语伤人六月寒。"不恰当的话语很容易伤害别人，也让自己的形象受损，最终使自己成为一个不受欢迎的人。所以，我们在做任何决定、说任何话的时候，都需要三思而后"言"。

想要管住自己的嘴，做到三思而后"言"，我们可以尝试以下几种方法。

首先要明白，话不在多而在精。大多数人对于沟通或多或少会有一些偏见，认为一定要"多说"才更有利。殊不知"多说"在很多时候意味着"多错"，非但不会为你的形象加分，反而会让他人认为你这个人太聒噪。

每次出去玩，我的好闺密郝静都是最不显眼、话最少的那一个，但是这样一个看起来并没有融入团体之中的人，却能够跟每个人和谐相处。其实，最重要的一点就是她清楚自己该在什么场合说什么话。她的话虽然少，却很有分量，而那些话太多的朋友往往说话抓不住重点，甚至讲的话漏洞百出，还经常引起内部的矛盾。由此可见，说话的多少与是否懂得沟通并没有必然的联系，话太多，有时候还可能造成一些不必要的麻烦。

其次，多为他人考虑。我们处理事情的时候，多站在对方的立场上为对方考虑，不仅会让对方在跟你接触的过程中感受到温暖，还会让彼此之间的距离越拉越近。上文提到的我的闺密郝静，她在与人交往时不仅不会冒犯他人，还会格外照顾他人的感受。跟这样一位朋友在一起，会让你时刻都感受到被照顾的快乐。她在聚餐的时候，会记得每一个人的口味，清楚地知道每一个人的喜好，并且会在点餐的时候，避免点大家讨厌的食物。如此贴心的举动让每个人都觉得受到了重视，所以大家都喜欢跟她相处。

最后，不要随意评价他人。人们或多或少都会听到一些议论和评价，好的评价自然会让我们从他人身上找到认同感，从而让我们有信心、有力量做更好的自己。但是，一些负面的评价会让我们不自觉地陷入自我怀疑的深渊。正所谓"己所不欲，勿施于人"，我们自己会因为被他人恶意地评价感到痛苦，同样的，他人接收到我们恶意的评价时也会如此。因此，我们在对待他人的时候，要保持一颗善良的心，不要随意对他人指指点点。我们温柔地对待别人，也会被别人温柔相待。可能有时候你只是发发牢骚，但是这些话正好被当事人听到，便会让对方产生一些负面情绪。如果对方因为这件事情对你怀恨在心，可能在之后的生活和工作中会带给你一些麻烦，所以在说话的时候不要逞一时口舌之快，不要随意评价他人。

俗话说："病从口入，祸从口出。"我们一定要明白这个道理，在与人交往时，说话一定要严谨，要牢牢把握好说话的尺度，要敏于事，慎于言。只有这样，我们才能保证自己不会因为说错话而得罪人。

◇ 到位不错位

在与人沟通的过程中，所谓的"说错话"，其实是沟通不到位导致的。表达不准确，就容易产生误会，让两个人之间的交流变得困难。因此，我们若要避免沟通不畅，就得务必保证对方能够听懂我们的意思，避免自说自话。沟通无对错，只有到位与否。

那么，什么才算是沟通到位？其实很简单，沟通到位就是双方能够准确地提取到相应的信息。如果对信息的理解产生歧义，说明信息的传递出现了错误，需要从两个方面着手解决。

首先，阐述观点的一方。沟通不到位，可能是倾听者的问题，也可能是阐述者的问题。阐述者作为信息的发出方，不仅要确保对方听到，还要让对方听懂。信息在传递过程中，本来就存在衰减的趋势。从我们"想的"到我们"说的"，其间信息已经流失了一部分。所以在发送信息时，千万不要兜圈子，不要拐弯抹角，不要词不达意，不要模棱两可。

其次，信息获取的一方。只有准确地接收到对方传达的信息，才能够采取相应的行动。在职场中，命令大多是上传下达的，能否准确无误地接收信息决定着任务是否能够顺利完成。

在生活中，人和人之间常常会因为沟通不到位而产生矛盾。当双方之间的沟通出现问题时，我们不能说是哪一方的错误，更不能相互责怪。

沟通不到位，双方都有责任。一味地去怪罪对方，只会让矛盾激化。冷静地梳理双方需要沟通的关键点，分析一下是在哪个点上出现了认知错位，然后从头再来，进行二次沟通。如果经过一番努力，沟通仍以失败告终，那么就要认真分析失败的原因，避免以后犯同样的错误。其实不论沟通是否到位，都需要进行分析、总结，找到自己在传递信息和接收信息过程中的不足，及时地进行调整。

在与人沟通的过程中，出现问题在所难免，即使沟通不到位，也不可破罐子破摔。亡羊补牢，犹未为晚。及时地进行补救和修复，定会取得圆满的结果。

◇ 善意的谎言

从小到大，我们接受的教育、听过的寓言故事都告诉我们：做人要诚实，撒谎的代价很大。但是，现实生活中仍然充斥着谎言。谎言有善意和恶意之分，善意的谎言，其出发点是减少伤害，给人们带来快乐，而恶意的谎言，其出发点是损人利己。所以如果能够善用善意的谎言，不说恶意的谎言，那么就可以有效地推动人际关系的良性发展。

李凡的脸在一次车祸中被划破了，缝了好几针，看上去有点恐怖。爱美的她有些接受不了自己毁容的事实，天天在家里哭泣，情绪也越来越消沉。

朋友小梦去看望她，看到她颓唐的样子心里很难受，于是安慰李凡说："李凡，你的脸上虽然缝了几针，但伤口不是很深。等伤好一点了，你可以做个去除疤痕的美容手术，这种伤疤应该能消除的。"

"真的能消除吗？你确定吗？"李凡迫不及待地问小梦。

"当然了。"其实，小梦也不是很确定，毕竟她不是专业的医生，但是，为了让李凡重新振作起来，她只能说谎："我之前有一个朋友，出了事故，脸上也缝了针，后来她做了美容手术，最后真的没留疤。"

听了小梦的话，李凡不再沮丧，开始查找相关的医院，做了美容手术。虽然她脸上最后还是隐约留下了一点伤疤，但她已能坦然接受，而且化妆之后完全看不出来。后来，小梦告诉李凡，其实自己并不确定她的伤疤能否治好，当时的谎言只是为了让她振作起来。李凡对小梦善意的谎言不仅没有责怪，反而非常感激她。

在沟通中，当交流陷入两难的境地时，善意的谎言能够让对方挽回颜面，也能让自己从困境中突围出来。所以，善意的谎言在沟通中是必不可少的，它能够使僵持不下的局面出现转机。

我们肯定都听过"望梅止渴"的故事。三国时，曹操带兵伐吴，由于天气炎热，士兵口干舌燥，士气一点点低落下去。为了鼓舞士气，曹操对大家说前方有一大片梅林，里面有可以解渴的梅子。士兵们听到这个消息立刻就有了动力，等他们前行了一段时间之后，虽然没有看到梅林，却"乘此得及前源"。当陷入绝境的时候，善意的谎言能够让人们重新燃起希望之火，再坚持一下，也许就能看到胜利的曙光。

在生活和工作中，当我们遇到一些棘手的问题时，千万不要指责和抱怨，善意的鼓励反而更有助于问题的解决。比如当同事问道："这个项目没有达到预期的目标，是不是我做得还不够好？"你清楚地知道，为了这个项目，同事牺牲了多少休息的时间，项目没有达到预期的目标并不是她工作不够努力，而是她的工作方法还需要改进。此时，同事的情绪极度低落，如果以实相告，那么她可能会因为压力过大而崩溃。真话可以择机再说。此刻一句"你已经做得很好了"，对于她的情绪会有很大的抚慰作用，也便于你们日后更好地合作。

有的人认为既然善意的谎言可取，那么自己就可以肆无忌惮地说谎。其实，现实情况并不是这样的。在沟通过程中出现的善意的谎言是不得已而为之，其目的不是为了欺骗，而是代表着真诚和鼓励，其出发点是让对方能够感受到温暖，获得力量。

有时候我们迫于形势不得不说一些附和的话。那些话语和动作可能不是我们喜欢的，但是为了顾全大局，我们不得不这样做。比如在公司聚餐的时候，如果你一味地以自己的口味要求大家迁就你，那么结果只会让大家觉得你不懂事、太任性。所以，在众人一起参加的活动中，我们应该学会"说谎"，适当地掩藏自己的喜好和锋芒。这种出于礼貌的"谎言"，既可以照顾他人的情绪，又可以搭建起让彼此沟通更加愉快的桥梁。

当然，通过善意的谎言激励士气、安慰他人、调节气氛时，一定要注意分寸，更要注意方式方法。如果很容易就被别人拆穿，不仅不能够起到良好的激励效应，反而会弄巧成拙，让对方的情绪一落千丈，甚至对你的人品产生怀疑。

那么，我们应该怎么做，才能使善意的谎言达到应有的效果呢？

首先，善意的谎言源于内心的善良，所以要说得不动声色，要像说真话一样去说。有的人在说谎的时候，不敢直视对方的眼睛，眼神飘忽不定，并且会不自觉地提高自己的声音。殊不知，太过刻意的说话方式会让对方以最快速度调动起本能的防备心理，这样在你刚开口时，对方就已经知道你在撒谎了。所以，善意的谎言需要说得真诚，只有这样才能够让对方相信。没有诚意，说得再动听，对方也觉得你在故弄玄虚或者虚与委蛇。

其次，善意的谎言要说得合乎情理。人们大多时候是感性大于理性的，所以当我们想要去安慰对方时，不要忽略了语言的合理性。只有说得合乎常识，合乎逻辑，合乎语境，才不会破绽百出。

调查表明，在人际交往中，谎言是人们最讨厌的东西之一。但是对于善意的谎言，大部分人是能够接受的。

抛开道德层面的东西不说，善意的谎言在人际交往中是必不可少的。它能够让尴尬的氛围变得活跃，让紧张的关系得到缓和，让绝望的人看到希望。恰当的时机、合理的用词、真诚的表达，这种以帮助他人为目的的善意的谎言，贵在善良，贵在友好，贵在厚道。

所以我认为，在社交中，善意的谎言可以说，但不能说弥天大谎故意去欺骗他人。否则，谎言一旦被拆穿，后果很严重。

毁掉人际关系的五种沟通方式

◇ 以自我为中心

前段时间，我们公司计划跟合作方签订一份合同，但对方并没有站在互利互惠的基础之上与我们进行谈判，而是给人一种居高临下的感觉。对方在谈判过程中一直态度傲慢，盛气凌人，丝毫没有听取我方意见的意思，全程表现得毫无诚意。结果显而易见，这次合作告吹。

不知你身边是否有这样的人，他们极其地自我，对他人漠不关心，既不在意别人的感受，也不知道如何与别人一起合作。可想而知，他们的人际关系肯定一团糟，恐怕很难找到愿与其风雨同舟的人。以自我为中心是一种严重影响人际关系的心理障碍，那么，应该如何克服呢？

首先，要学会从小事做起。习惯并不是一朝一夕形成的，而是慢慢培养而成的，所以想要改变以自我为中心的做事方式，可以从小事做起，从关心身边的人开始，一点一点地改变。例如，在生活中，我们可以帮助父母做一顿简单的晚餐或者做一些力所能及的家务。这些都是我们在生活中容易忽视的，我们习惯了父母的照顾，却往往忘记照顾他们。在享受别人对自己的爱的同时，也能够爱他人，这样的关系才是和谐的、温暖的。在与他人相处的过程中，我们要学会理解、尊重、关心、帮助他人，只有从小事做起，推己及人，才能够学会待人处事之道。

在工作中也是一样。比如说，在办公室看到一杯放在桌子边缘的水，有的人觉得无所谓，反正也不是自己的东西，即使摔落在地也跟自己没关系。这样的想法是非常不正确的。无论这件事情是否与你相关，只要搭把手便可以做件好事，何必吝啬你的付出？我们常说"赠人玫瑰，手有余香""给他人方便，就是给自己方便"，事实证明正是如此。比如说，某个人会因为你某次不经意的出手相助而铭记终生，在你需要帮助的时候投桃报李，施以援手。所以，从小事做起，换位思考，关心他人，这样才能拥有更多的朋友，建立更广泛的人际关系。

其次，锻造"大我"。一般来说，自尊心太强的人，格局小，更容易陷入自我封闭之中，也更容易陷入以自我为中心的状态中。自尊心太强是多方面原因造成的，如家庭原因、社会原因等。适度的自尊能够让我们正确地进行自我评价，更好地认识自己，但是过度自尊就容易让人变得视野狭窄、目光短浅。过度自尊的人刚愎自用，思维方式和行为方式往往以自我为中心，一叶障目，不见森林。

我的身边就有这样一位朋友，她在跟人交谈的过程中，总是用自己认为正确的大道理去教训别人。她有一套独特的为人处事的方法，这个方法或许适用于她，却未必适用于其他人。从一个旁观者的视角为朋友分析是非对错固然是一副热心肠，当你遇到烦心事的时候，肯定也希望身边有一个能够感同身受的人为你出谋划策。但是，这位朋友的问题在于不能与你感同身受，甚至根本不考虑你的感受。她先是把你劈头盖脸地数落一通，继而搬出她的那套处世哲学，试图把她的观点强行塞给你，让你照着去做。结果不仅没解决你的问题，反而使你心烦意乱，无所适从。

最后，加强团队意识，合作意识。以自我为中心的人，一般很难把信任交付给别人。他们习惯性地想要事事亲力亲为，却忽视了一个问题：独行快，众行远。一个人的力量是有限的。俗话说"一根筷子易折断，十根筷子抱成团"，团队合作才是无往不利的法宝。对于管理者来说，如果事事都亲力亲为，必然会顾此失彼，效率低下。现代社会，人与人之间只有分工合作才能使时间、资源的利用率实现最大化。普通员工也只有在相互扶持之中取长补短，才能更好地实现自身价值，推动企业发展。

◇ 用冷暴力逃避问题

在一次聊天时，一位朋友向我倾诉了她在恋爱中遇到的烦恼："我最近总觉得男朋友要跟我分手了。"听到这话，我疑惑不已，因为在外人眼中，她和她的恋人是一定会携手走进婚姻殿堂的。从高中到现在，他们一直是我们眼中的模范情侣。他们很少争吵，在我们面前总是一副幸福的模样，我们从没想过他们会分开。所以，她忽然说出这样的话，让我有些不知如何作答。必须先搞清楚原因，才有发言权。于是，我问她："为什么这样说？"沉浸在悲伤情绪中的她缓缓地回答道："最近他总是在忙，我们几乎没有时间说话。每次我想跟他聊天，都被他用这样那样的理由搪塞过去。我有事情想要咨询他的意见，他总是说'你决定吧'。但是，我做了什么决定他根本不在意。"说着说着，朋友委屈地哭了起来。

在恋人、夫妻或者同事、朋友之间，这种事情时有发生。你不知道对方为什么就不理你了，跟你有关的事情不再关心。对方的敷衍让你不知道该如何应对。面对这种冷暴力，度过的每一天都是煎熬。消极的冷处理不会让事情随风而过，反而会加剧问题的严重性。当出现这样尴尬的局面时，需要一方先打破僵局，放下身段，主动与对方沟通。

首先，找出问题所在。事情之所以会发生肯定是有原因的，只有耐心地找到问题的症结所在，才能够真正地解决问题。当双方的关系变得冷淡的时候，一定要在最短的时间内开诚布公地谈一谈。问题一直拖着，不仅对两个人的心情会有很大的影响，而且双方的关系也会越来越僵，最终使问题被无限放大。所以，我们要在问题出现的第一时间去努力寻找解决的办法，敷衍了事、得过且过，这样的态度是不可取的。

其次，改变沟通方式。比如说，男方忙于工作，女方可以通过一些暖心之举打动对方：准备营养丰富的早餐和晚餐，让对方感受到你的关心，以柔克刚。等到两人和好如初后，再找个机会针对这段时间发生的事情好好谈谈，让对方知道你的委屈，避免以后发生同样的事情。

生活不是一成不变的，沟通也是如此，为了让彼此的关系更和谐，做出一些改变是必要的。

最后，真诚待人。真诚是最有效的沟通技巧。"精诚所至，金石为开"。真诚说起来简单，但是践行起来却十分困难，所谓知易行难。但是，唯其难能，所以可贵。《牧马人》中许灵均与李秀芝患难与共的爱情故事之所以动人，就在一个"真"字。正如秀芝所言："我把心都给了他了，比钱珍贵。"

总之，在与人交往的过程中，不要敷衍。心不在焉地敷衍，用冷暴力逃避问题，不仅是一种失礼行为，会给对方造成很大的伤害，而且会使双方的关系出现裂痕，很难修复。

◇ 传递负面情绪

人类的情绪大致可以分为两类：一类是积极正面的情绪，一类是消极负面的情绪。情绪是能够相互传递、彼此影响的。与情绪积极的人交往，自己也会潜移默化地受到影响，变得积极乐观。而情绪消极的人则会给他人带去负能量，长此以往可能会让双方的关系陷入尴尬的境地。如果一个人总是将自己的负面情绪传递给身边的人，那么受其影响，周围人的负面情绪也会越积越多。不管是在生活还是在工作中，负面情绪都会使我们深受其害。

所以，无论何时何地，我们都要学会理性地控制自己的情绪，学会合理地释放自己的情绪。当负面情绪出现时，我们要及时排解，而不是放纵或压抑。当负面情绪积累到一定程度的时候，人会因为承受不住压力而爆发，此时的我们很难控制自己的言行举止，不仅伤人，还会伤己。携带负面情绪的人，随时随地都会有内心崩溃、无法自制的可能性，而且这也会影响到周围人的心态，使得这个人的四周弥漫着浓浓的烦躁气息。

当出现负面情绪的时候，我们该如何排解呢？

首先，保持冷静。当不良情绪出现的时候，着急紧张是没有用处的，冷静下来并以一个平静的心态去面对，才是最有效的解决方案。如何才能快速地平静下来？行之有效的方法就是深呼吸，在呼吸之间，压力会找到发泄的出口。只有当负面情绪得到排解，我们才能冷静地处理那些棘手的问题。比如说，在商业谈判的过程中，因为无法对谈判条款达成一致意见导致谈判双方闹翻的事例十分常见。在谈判中，出现矛盾和分歧是不可避免的，如果这时候只顾着发泄个人情绪，那么这场谈判注定会以失败而告终。在重要的时刻，只有保持平静的心态，才能对形势做出准确的判断，才能应对自如。把负面情绪带入工作当中，只会火上浇油，搞得一团糟。

其次，管理情绪。沟通达人在沟通中会特别注意自己的情绪表达。情绪表达跟言行举止一样，会在不经意间向对方透露一些信息。所以，我们在与人沟通的过程中要做好情绪管理。当我们遇到棘手的难题的时候，一定要做到克制、冷静、处变不惊，掌控好自己的情绪。这样既可以让自己在沟通过程中彰显良好的修养和人格魅力，也能够给双方足够的时间进行思考，从而都有机会针对沟通内容做出调整，以便达到沟通目的。只有情绪稳定，才不会使沟通偏离方向。

最后，乐观向上。乐观的心态能够让我们的思维更开阔，并拓宽我们的心胸和视野。当问题出现的时候，如果我们只是从消极的方面去看待，那么只会陷入无尽的失望和悲伤之中不能自拔；给自己积极的暗示，尽量往好的方面想，往往能够激发出我们的潜能，迎来转机。保持积极乐观的心态，是抵抗负面情绪的重要法宝。在向人传递快乐的同时，你也会变成一个幸福快乐的人。如果你把别人当作宣泄负面情绪的垃圾桶，那么人家只会讨厌你，远离你。

刘云和王绘是在参加某次活动的时候认识的。王绘性格直爽，刘云非常欣赏她，两人一见如故，相谈甚欢，此后便一直保持联系。因为两人所在公司和住所离得都比较近，偶尔会一起吃饭聊天。刘云比较忙，所以每次见面都是王绘提出来的。

两人见面时，大多是王绘说，刘云听。时间长了，刘云发现王绘每次见面所谈的都是不开心的事。要么是抱怨领导分配的任务繁重；要么是吐槽同事能力不行还升迁得很快，自己辛苦工作竟然没有加薪升职；要么是不满邻居家的孩子晚上弹钢琴影响自己休息……开始的时候，刘云挺心疼她，觉得她像孤雁飞进林子一般在这个城市闯荡很不容易，时间久了就有些无力招架了。每次见面，她都得听王绘倒苦水，自己还得搜肠刮肚地寻找合适的词汇来安慰她。

有一天，同事问刘云，最近是不是家里出了什么事，怎么脸色那么难看呢？这时刘云才发现自己的情绪受到了王绘的影响，听多了王绘的抱怨，她看待事情的角度也变了，变得愤怒和偏激。清醒过来的刘云赶紧有意疏远王绘，过了一段时间，那个乐观、开朗的刘云又回来了。

每个人的情绪都会起起落落，当负面情绪出现的时候，情商高的人会做好自我情绪管理，而不是喋喋不休地抱怨，将负面情绪传递给周围的人。怨妇似的唠叨个不停，只会让自己变得可怜、可笑、可厌，毁掉苦心经营起来的人际关系。

记住，无论在什么时候，都应该控制好自己的情绪，不将负面情绪传递给别人，不把他人当作自己倾倒负面情绪的垃圾桶。

◇ 轻诺寡信

你有没有这样的经历？明明出发点是好的，明明是一番好心，结果却事与愿违，好心办了坏事。肯定有。我想说的是，当你做出承诺的时候，一定要思量再三，慎之又慎。轻易许诺而又做不到的话，不仅会影响彼此之间的关系，也会影响你在大家心目中的形象。很多人因为轻诺寡信而失去上司、同事和朋友的信任。没有衡量自己是否能担得起这份承诺，没有统筹规划自己的时间，就轻易许诺自己能够完成别人交给的任务，结果并没有按时完成，这样就会给对方留下极差的印象。而且不假思索随口做出承诺，也会让对方没有安全感，所以在承诺之前要评估自己是否能够做到，如果做不到，不妨坦诚相告。

　　另外，在许诺之前，要合理规划时间。承诺一般都是针对未来的一些计划，那么我们在做出承诺之前，应该要核实自己的时间安排。如果承诺去做的事情，在时间允许的范围之内，并且你有能力很好地完成，那么你可以答应下来；如果时间不允许，那么就要婉言拒绝。

　　比如说，朋友约你下班后一起去看电影，你想都没想就答应了；答应之后，你才注意到自己今日的工作任务特别繁重，需要加班。再比如，你打算忙完手头的工作和朋友一起吃晚餐；下班后，朋友来找你时，你才忽然发现自己在上周就已经答应和同事一起去吃饭了。这时候是应该跟同事一起去吃晚餐，还是跟朋友一起去吃晚餐呢？在我们做出承诺之前，应该核实一下自己的日程安排，做好时间规划，避免因分身乏术而爽约。出现这样的事情最主要的原因就是对于别人的请求或者是安排答应得太随意。在轻易许诺后，我们一旦做不到，不但会使对方的愿望落空，而且也会使自己的形象受损。所以，不要轻易答应别人，不要轻易许诺。如果已经做出了承诺，那么就要竭尽全力兑现诺言。

　　不管在工作还是生活中，说话一定要留有余地，千万不要把话说得太满，自己打自己的脸。比如刚撂下一句"我不喜欢 ×××，我们是不可能成为好朋友的"，但是没过多久两个人却成了最好的朋友。有点滑稽，是吧？

有时候我们会高估自己的能力，以为自己什么事情都能办到，于是把话说得掷地有声，喜欢用"一定""绝对""总是"等词语。在使用这样的词语表达决心的时候，并没有把一些不可控制的因素考虑在内。于是，当这些不可抗拒的因素出现的时候，我们往往难以应对，从而引发一系列问题。

王峰最近遇见一件棘手的事情，这件事情要从几个月之前开始说起。王峰在某家公司待了五年，经过辛苦的打拼，也算是苦尽甘来，坐上了公司部门经理的位置。这时，大学的一位同学给王峰打来电话，希望能够到他这里谋求一份主管的工作。正好他们部门有个主管想要离职，春风得意的王峰便爽快地答应了同学的请求。但过了一阵，王峰发现这位部门主管并没有离职，原来在人事经理的劝说下，这位同事答应继续留在公司。王峰的话已经说出去了，却没能替对方办到。同学得知这个消息后很生气，因为他在王峰给出肯定的答复后已经办理了离职手续，正在等待审批。气急败坏的同学到处跟人说王峰的不是，最后两人反目成仇，再也不来往了，王峰的朋友们也都对他非常失望。

升职加薪后的王峰心态浮躁了，于是轻易做出了承诺，致使自己在朋友面前的诚信度大打折扣。所以，在与人沟通交流的过程中要学会留有余地，懂得分寸，这样才不会把自己搞得很被动。

常言道："君子一诺值千金。"不要让你的诺言成为没有分量的信口胡诌，要说到做到。如果确实事出有因，无法兑现，必须在第一时间向对方解释，不要夸下海口，以至于到最后败光人品，难以收拾。切记，不要轻易许诺，一定要在深思熟虑之后再做承诺。

◇ 说人是非

比起夸赞，人们似乎更喜欢在背后议论别人的缺点或者隐私，甚至会有各种各样的毫无根据的消息传播出来，给对方造成困扰。从古至今，人们对于八卦的好奇心一直都存在，流言蜚语在这份好奇心的驱使下传播的速度很快，危害很大。众所周知，在背后诋毁别人是一件非常错误的事情，不仅有损对方的形象，更会拉低自己的人品，甚至会触犯法律。

某次会议之后大家一起吃饭，在饭桌上，同事开始吐槽某部门的某位主管。因为两个人的处事方式不同，所以在工作上一直有一些摩擦。以前同事在工作中能够顾全大局，在私底下也很少提及对方。这次同事突然开启吐槽模式，原因是，他在工作会议上提出的方案被那位主管否决了，他觉得面子上有些挂不住。那位主管是一个事业心很强的女人，她的爱人在她出差时出轨，最终两人以离婚收场。于是，同事便把主管在婚姻上的不幸拿出来大肆谈论。

这位主管在会议上否决了同事的提议，肯定是因为他的方案不可行，况且这个决定是集体讨论通过的，并得到了上级的批准。所以，他这样无所顾忌地揭人痛处，不仅没有在同事中找回自己的面子，反而遭到大家的鄙视。

"说人是非者，便是是非人。"在背后议论别人的短处，是一个"损人不利己"的行为，是没有头脑的表现，也是一种对自己不负责任的行为。我们必须认识到：揭他人短处的过程，其实也是展示自己鄙俗形象的过程；不管为了什么暴露别人的隐私，都会让你的形象瞬间崩塌，再也不会有人愿意跟你分享私密的事情。你毁掉的不是两个人的关系，而是你的整个人际关系。

生活中有这样一种人，他的出现意味着话题的终结。"他来了，不要再说了。"可能大家谈论的并不是什么危险话题，只是稍微涉及某个人的隐私。为什么他一出现大家就寂静无声了呢？这是因为大家了解他的为人，知道他喜欢将别人说的话添油加醋地宣扬出去。这类人就是我们经常提到的"大嘴巴"：别人跟他说的一些私密话题，过不了多久就会传到其他人的耳朵里。管不住自己嘴巴的人，人际关系也好不到哪里去。别人把秘密交付给你的过程，其实就是一个交托信任的过程。如果你不能保守这些秘密，就辜负了他人的信任，伤害了他人的感情。所以，我们在人际交往中一定要管住自己的嘴巴，管住嘴巴，是一个人最大的修行。

Lesson 5

第 五 课

巧用身体语言，提升沟通效果

◇学会察言观色

在生活中，有这样一个有趣的现象：虽然很多人标榜自己不信算命占卜，但是如果有人给他看面相，他却很容易相信。为什么会这样呢？这是因为看相是有窍门的，其实大部分看面相的人都善于察言观色。他们在跟你谈话之前已经把你上上下下打量了一番。人的情绪是能够通过肢体动作有所展现的。当你遭遇重大变故的时候，你肯定会愁容满面，脚步也显得不那么轻快；相反，如果家有喜事，你的肢体动作也会反映出来。细腻的情绪变化会被善于观察的人看出来，这也是为什么算命先生往往会在第一时间对你的情况猜个大概，然后在与你交流的过程中套取信息，从而显出一副神机妙算的样子。可见，察言观色在人际交往中是非常重要的，它能够帮助你做出正确的情绪解读，更好地完成沟通任务。

那么，我们应如何提升这种能力呢？

首先，学会见微知著。

在处理人际关系时，我们要学会观察对方的一举一动，乃至一个表情、一个眼神，捕捉对方在言谈举止中所传递出来的一切信息。比如说，如果对方在谈话过程中眼神飘忽，那就说明他很可能在撒谎。如果对方只是嘴巴在笑，眼睛没有变化，那说明对方并不是真的感到喜悦。先从观察身边的朋友做起，注意观察他们的一举一动，直到对方每一个细微的表情变化都会引起我们的注意，并从中读出他们的心事。

对于美术大师来说，只有仔细观察并把握事物的神韵，才能画出完美的作品。同样的，在人际交往中，只有多加观察，才会有所发现。这种见微知著的能力，可能会在某个瞬间改变我们的人生。心理学家弗洛伊德曾说过这样一句话："任何人都无法将秘密隐藏，倘若他不用嘴巴说话，也会用指尖说话。"只要细心观察，我们就会对对方真实的想法有一定的了解。提高自己的观察能力，见微知著，能让我们游刃有余地应对复杂的人际关系。

其次，学会见机行事。

所谓见机行事就是根据实际情况采取合理的行动。再胸有成竹的人也会有失算的时候。其实，一些事情考验的是一个人的应变能力，考验的是我们能否根据实际情况及时做出调整，不至于把自己置于被动的境地。

一位准备创业的朋友打算去见一个投资商。在他去之前，我问他："你有把握吗？准备得怎么样？你的合作方案能够说服对方吗？"他有些不确定地回答道："应该没什么大问题，我准备得很充分。"会面结束之后，我第一时间给他打了电话，他向我叙述了事情的经过："我原本准备得十分充分，但是在商谈的过程中，见对方没什么反应，就想着要不要换个思路继续说。于是，我抬头看了下对方，正好看到他在点头。当时我心中一动，这是对方案的肯定吗？有了这个念头之后，我没有调整思路，继续按照原方案陈述，最后他被我说服了，约定明天签订合同。"

有时，对于某个好不容易才争取到的沟通机会，我们自以为做好了充足的准备，但是等到面对面沟通的时候却因为缺乏良好的心理素质和应变能力而使沟通失败。没有人能预测接下来会发生什么事情，没有人天生就具有随机应变的本领，但是我们可以通过一次次的磨炼，不断地成长进步。

最后，学会从容应对。

当你的人际关系出现问题的时候，你会选择如何应对？是慌慌张张地束手无策、等待事情过去，还是主动出击、设法补救？最近，冯熙的工作不太顺心。她在一家公司待了一年左右，本来一切都很顺利，但是最近不知道为什么忽然就被领导训斥了一顿。后来，她才知道领导发脾气并不是因为她，而是因为最近公司的某个项目出现问题，给公司造成重大损失，以至于领导心情非常不好。而她刚好在领导气头上，去办公室交了一份文件。没想到文件的格式有误，于是领导就冲着她发了火。冯熙十分苦恼，不知道该怎么处理这件事情，她实在不知道明天该怎么去面对领导。我跟她说了四个字"察言观色"。第二天，领导见到她的时候，就好像什么事情都没有发生一样，冯熙便也不再纠结于那件事情，一如往常地努力工作。

其实，这件事情很简单，如果领导提及，就大方地表示自己根本没有在意；如果领导不提，那就当这事根本没有发生过。学会察言观色，是每一个沟通者应该具备的能力。

◇ 肢体语言的妙用

国际肢体语言专家阿尔伯特·梅拉宾曾得出这样一个令人震惊的研究结果：在人们传递信息的过程中，文字语言所占比例只有7%，声音语言占38%，而肢体语言则占55%。其实，在原始社会，人们传递信息的主要工具就是肢体语言；而在现代社会，肢体语言依旧占据着重要的表达地位。通常来说，人的肢体语言和表情是不会骗人的，即使对方是沟通大师，你也能够从他细微的表情和肢体的变化之中发现端倪。

由于人们的肢体动作能够传递一些重要信息，所以在与人沟通的过程中，合理地使用肢体语言能够促进双方关系的发展。

有时候在与人沟通的过程中，虽然对方并没有说什么话，但是我们却能感受到对方的赞许和认可，这就是肢体动作所传递和产生的一些积极效果。例如，当我们跟对方说话的时候，对方无意识地身体前倾，多半意味着对方对你谈论的话题感兴趣；当对方嘴唇微启的时候，可能就意味着对方对你谈论的观点表示赞同。在与人沟通的过程中，善用肢体语言有助于双方的沟通顺利进行。

如果不注意肢体语言的表达，很可能在不经意间让别人感到不适。这里简单列举几个在沟通过程中可能会冒犯到对方的肢体动作，希望能够起到一定的警示作用，以便大家能将肢体语言运用得更加自如、得体。

首先，不要在沟通过程中打哈欠。这是需要格外注意的。一般我们在睡眠不足的时候，会不自觉地打哈欠。但是，如果在与人交谈中打哈欠，传递给对方的信息是：你觉得谈话内容枯燥乏味，希望尽快结束这次沟通。一个朋友曾经跟我讲过这样一件事情，在她做某企业的 HR（人力资源顾问）的时候，每天要面试很多人，在面试的过程中，最看重的就是对方的基本修养及对待工作的态度。有个应聘者刚进来的时候，给她留下的第一印象还挺好的，但是在深入交流的过程中，当她向对方介绍公司的经营理念及发展历程的时候，对方却在不停地打哈欠。正是因为这个不得体的举动，那个应聘者失去了一个不错的工作机会。在与人沟通的过程中，即使你觉得对方所讲的话题沉闷、无聊，你也不要表现出来。学会认真对待每一次沟通，全神贯注地倾听，只有尊重他人，你才会得到同样的尊重。

其次，不要三心二意。尤其是在一些重要的场合中，更是马虎不得。在某次公司会议中，我正在安排下个季度的工作任务，有一些同事非但没有记笔记，反而小动作不断——玩笔、看手机、东张西望。等到执行任务的时候，他们因为没有记住我的部署，犯了不少低级错误——不是日期记错就是工作流程出了问题。众所周知，在工作中，人们最重视的就是工作效率。为了在最短的时间内完成一项任务，对于各部门之间的相互配合是有非常高的要求的。若是因为某一个人的失误而导致整个项目脱离发展轨迹，那么对企业造成的损失将是巨大的。

第三，不要腿脚抖动。上学的时候，你有没有遇到过这样的情况？正当你在某个教室上自习，认真地为某场考试做准备的时候，忽然间，椅子开始轻微地晃动起来，你复习功课的兴致瞬间被破坏了，转头一看，发现后面的某位同学正在抖腿。心理学研究表明，抖腿是内心紧张和不安的表现。这种紧张和不安的坏情绪会以最快的速度传递给周围的人。这种令人生厌的肢体动作，会让你在后续的交流中处于极其不利的境地。

在与人沟通的过程中，要运用好自己的肢体语言，跟交流对象积极沟通，切记不要通过肢体语言传递一些负面的情绪。积极的肢体语言可以感染别人，能让对方更加理解和接受你的意见，让交流取得事半功倍的效果。

◇ 面带微笑

在现代社会，社交能力越来越多地得到人们的重视。在谈论交际的基本技能时，人们最常提到的就是微笑。我们常说"伸手不打笑脸人"，对于一个脸上挂着笑容的人，我们往往不忍心拒绝。

一位妻子对丈夫说，我不乞求什么，只希望你每天给我笑脸。

对于职场人士来说，面带微笑是必备的职业技能，也是一个非常重要的人际交往技能。

我的同事小王刚到公司上班时就让我们感到眼前一亮，私下里我们常常夸赞这个小姑娘。小姑娘年纪不大，但不管是在工作时间还是私下相处，一直面带微笑，看不出任何情绪波动。后来大家和她熟悉了，才知道这主要得益于小王大学期间在肯德基打工的经历。

肯德基要求服务员"微笑服务"。店长每天都会不厌其烦地强调："顾客对，要对他们微笑；顾客不对，也要对他们微笑，并对他们提出的问题耐心地解释。"这样苛刻的要求对一个名牌大学的学生来说，是一个极大的考验。刚开始，小王非常不习惯，但是时间长了，她发现微笑让沟通更顺畅，还能够化解冲突和矛盾。通过打工的经历，她感受到了微笑的魔力，因此一直把它带在身边。

虽然小王现在是办公室的白领，每天打交道最多的不再是人而是电脑，但是每当有人跟她说话，她都会报以微笑，让对方的心情瞬间变得灿烂。时间久了，我们公司的大部分人都喜欢上了这个每天面带微笑的小姑娘。当然，也有同事说小王的微笑太职业化了，不是真正发自内心的笑容，但是我觉得不管真心与否，在与人交流时面带微笑，至少表明她对对方的尊重。

面带微笑，会大大提升我们留给他人的第一印象。有人不懂得第一印象的重要性，以至于在和他人第一次见面时就原形毕露……这为后续的交往增加许多困难和阻碍。心理学研究发现：在初次见面时，双方在45秒内就会产生对彼此的第一印象。在第一次见面时，面带微笑能够给对方留下美好的印象，所以我们要善于利用这一沟通技巧。让美好的印象长久而深刻地留在对方的脑海里，为彼此进一步的交往打下良好的基础。

微笑是最无声、最美好的语言之一。经常面带微笑，能够增强自信。海伦·凯勒对外部世界仅仅有过 18 个月的感知，之后就因为疾病变成了聋哑人。但是即使面对沉重的打击，她依旧选择微笑地面对生活。她在《假如给我三天光明》中写道："忘我就是快乐。因而我要把别人眼睛所看见的光明当作我的太阳，别人耳朵所听见的音乐当作我的乐曲，别人嘴角的微笑当作我的快乐。"她微笑着面对生活中的苦难，自信地大步向前走，最终成为一名成功的教师和作家。

面带微笑地与人交流，能够拉近彼此之间的距离。暖人的微笑是人际关系的催化剂，无论是面对熟悉的朋友还是陌生的朋友，微笑是无声的语言，礼貌是基本的信念。

微笑是最简单、最直接的沟通工具，是我们在社交过程中一个强有力的武器，能够让我们更容易获得他人的信任。美国宾夕法尼亚州大学的研究表明：微笑还能让人看起来聪明能干，从而获得上司的认可。所以，无论在工作还是在日常生活中，多微笑吧，它会让你的人际关系更融洽，更美好。

第六课

事半功倍的沟通技巧

◇ 印象管理

　　印象管理是每一位职场人士的必修科目。做好印象管理，不仅能够为自己加分，帮助自己结交更多的朋友，还有助于推动合作项目顺利完成。

　　一名刚刚进入社会的应届毕业生到一家公司面试。面试官看到了他的简历，觉得这个人专业背景很不错，于是叫他进来时特意观察了一下，结果发现一对中年夫妻正陪着这位应聘者一起坐在外面等候。按照公司的安排，这位应聘者是最后一位，没有其他的应聘人员了。面试官在面试过程中询问了这对夫妻的身份，得知那是他的父母后毅然放弃了这名应聘者。在面试官看来，应聘者的行为表明他不具备独立做事的能力，在之后的工作中恐怕难以独当一面。虽然专业技能过关，却没有足够的能力胜任公司的工作，所以对这名应聘者不予录取。

第一印象

个体在社会认知过程中，"第一印象"是最先输入的信息，会对其以后的认知产生重要的影响，这就是美国心理学家洛欣思提出的"优先效应"（也称"首因效应"）。在人际交往中，人们往往会对第一印象久久难忘。如果你给对方留下的第一印象是美好的，那么就会促进双方之间的关系；如果留下的是较差的第一印象，那么就可能会给后续的交往造成阻碍。因此，无论何时何地，我们都要注意自己的言行举止，尽量给他人留下美好的第一印象。

大家可能听过这样一个故事，一位男士在前往面试公司的路上遇到了一个摔倒的老人，虽然已经快到约定的面试时间了，但这位男士仍然把老人扶了起来、安顿好，然后才匆匆赶去参加面试。果不其然，他错过了面试时间，他迟到了。经过与面试官沟通协商，他重新获得了面试的机会。最后，他被录取了，原来他曾经帮助过的那位老爷爷正是这家公司的董事长。虽然这个人迟到了，但他没有故意拖延时间，他是因为救助老人才迟到的，面试官一致认为心存善念的人富有责任感，对待工作也会一丝不苟。而这位应聘者也的确没有辜负大家的期望，进入公司没多久就开始崭露头角，展现出极强的个人能力。这个故事说明，无论是在什么样的场景之中，心存善念、乐于助人都是最好的印象管理。

有些人在刚刚步入职场时，会把自己在学校的那套为人处事的方法照搬过来，以至于在人际关系上出现了严重的水土不服现象。在学校与同学相处的时候，自在就好，不需要掩饰什么，对于朋友来说，不完美的你才是真实的。但是，在职场中，大家更多的是一种利益关系。不可否认，会有人与同事结为好友，但在工作中，如何高效地完成任务，如何为企业创造更大的价值，才是最重要的事。所以在职场中，一定要做好印象管理。做好印象管理才会大大地提升领导和同事对你的认可度，才会对你的发展有一定的帮助。

印象分值需要人格魅力加持

第一印象固然重要，但是在印象管理中，还需要重视人格魅力。第一印象是短时间内所产生的认知，但是在人际交往中，彼此之间的关系是需要长久维持的，而维持这种关系就需要人格魅力加持。我们常常会对在某个领域有所建树的人产生崇拜心理。有时，我们只听到对方的名字，就会产生此人很厉害的第一印象；但深入了解之后，可能会发现对方并不是自己想象的样子，于是对方在你心中的印象分值就会下降。因为在你的第一印象中，对方是完美无缺的，但是在深入了解之后，发现对方"盛名之下，其实难副"，于是大失所望。在人际交往中，我们都希望自己在别人心中的印象分值是不断提高的，都不希望自己的人设崩塌。那么该如何不断提高自己在他人心中的印象分值呢？

首先，请保持善良。对生活中的一切保持善意，会让你成为一个有温度的人，不仅温暖自己，也会温暖他人。在电影《奇迹男孩》中，主人公奥吉是一个面部天生有缺陷的男孩，他很少出去结交朋友，一直在家中由母亲教导功课，直到五年级时，他才进入学校就读。但因为面部缺陷，他在学校经常受到伤害。在家人和朋友的帮助下，奥吉终于走出阴霾，微笑着面对生活的挑战。刚入学的时候，奥吉面对同学的欺负，虽然很生气，但他依旧心存善念，主动去帮助他人。这种优秀的品质使奥吉魅力四射，正是因为这样，他才获得了小伙伴的信任、尊重和帮助，并重新鼓起了生活的勇气。人际关系是由多种因素共同维系的，其中人格魅力的加持，会使人际关系如磐石般稳固。

其次，请保持乐观。快乐是能够相互传染的，与乐观的人做朋友能让我们的生活充满阳光。乐观的人往往有着强大的心理素质，能够从容地面对生活中的一切挑战。在长期相处的过程中，生性乐观的人更有吸引力，但是切记不要盲目乐观，正如马云所说："看到最艰难的东西时，依旧保持冷静乐观的态度，这是对的；如果你都没看到未来困难在哪里，你的乐观是盲目的。"真正的乐观是你知道前路漫漫，困难重重，但是依旧无所畏惧地披荆斩棘，朝着既定的方向努力。这样的人会吸引一大批志趣相投的人，他们相互督促，相互鼓励，一起朝着梦想前进。

最后，请保持自信。自信是一种力量，一种底蕴，一种气质，一种美。因此，我们在与他人沟通交流的过程中要保持自信，有底气地展示自己的能力。在沟通中，面对他人的提问，不自信的人往往会怯怯懦懦地回答，即使答案正确，留给对方的印象也是优柔寡断。在沟通中，只有自信地应对一切才能够赢得喝彩。只有给他人留下有能力、有担当的好印象，你的话语才有分量。

扬长避短

当我们看到一个人的缺点，进而对他产生偏见的时候，对方所有的行为举止在我们眼中都是不对的。要想扭转这个印象是非常困难的。所以在人际交往中，若想要给人留下好印象，就要学会扬长避短。

人贵有自知之明，我们要先学会了解自我，知道自己的长处与短处。只有学会展示自己的长处并且努力克服自己的短处，才能够给对方留下好的印象。每个人身上都不可避免地存在缺点，但是有的人却善于在朋友中推销自我，让他人看到的永远是自己积极的一面，当优点充分显现，缺点就被忽略了，一个闪闪发光的人自然更容易受到大家的喜爱。所以，我们要对自己有一个清醒的定位，深入了解自己，扬长避短，从而结交更多的朋友。

印象管理的重要性不言而喻。只有主动了解他人对自己的印象，并据此做出积极的调整和改变，才会使自己在人际交往中如鱼得水。

◇ 换位思考

在竞争日趋激烈、生活节奏不断加快的现代社会，人与人在交往的过程中，往往更注重自己的利益得失，忽视他人的感受。这样做是不明智的，也是不可持续的。其实，我们在为他人着想的同时，也是在为自己铺路，即所谓的"与人方便，自己方便"。在与他人相处的过程中，如果我们能多站在他人的立场上思考问题，无疑会让双方的沟通进行得更顺畅，也能让自己赢得他人的好感和尊重。

在某个小村庄，有一个盲人。他每天晚上出行的时候，手里都会提一盏灯，这个行为让全村人都觉得讶异。一天晚上，有个人在回家的路上遇到了他，调侃道："你什么都看不见，晚上出来还点着一盏灯，真是浪费。"盲人平静地说道："正是因为我看不见，所以更需要点一盏灯。我虽然看不到光亮，但是路上的行人可以看到啊。这样我就不用担心被人撞了。"

盲人虽然看不到光亮，但是他的灯既照亮了道路，又照亮了自己。换位思考的结果是既方便了大家，又保护了自己，何乐而不为呢？

将心比心，理解万岁

小花是我们交往了多年的朋友，也是我们的"哆啦A梦"，因为我们一起出去玩的时候，小花每次都帮大家准备一大堆东西。因为加班的缘故，小花在最近的一次出行中没有做好这份"工作"，大家需要的很多东西她都没准备好。其中一个朋友气呼呼地指责小花"东西都准备不全"，另外一个人也随声附和了几句。小花听到后红着眼睛说了句"对不起"，然后就离开了。当天晚上，小花迟迟未归，这时候大家不禁担心起来，也开始反思自己的行为。那位抱怨小花的朋友说："都是我不好，我只为自己考虑，我太自私了。小花每次出行都要照顾大家，但是我们却从来没有为她着想过。"大家决定等小花回来后向她道歉。过了一会儿，小花回来了，还带回了我们需要的东西。大家看到这一幕，感动极了，异口同声地向小花道歉，并且在这段旅途中相互照顾，完成了一次愉快的旅行，留下了一段美好的回忆。

在人与人的交往中，经常付出的一方往往最容易被忽视。"事要公道，打个颠倒"。只有将心比心，设身处地地为善待你的人着想，友谊的小船才不会说翻就翻。

换位思考，实现互利双赢

卡耐基有段时间经常租用一家酒店的会议厅来举办演讲会。时间久了，这家酒店觉得租金有些低，提出要涨一倍的租金。卡耐基不愿意多付租金，但是演讲会的票已经卖出去了，现在换场地已经来不及了，在这种情况下，他找到了酒店的经理想跟对方沟通一下。

卡耐基告诉经理，他虽然听到酒店要涨租金的消息后非常吃惊，但是他能理解酒店经理的做法。现在，他想帮助经理分析一下提高租金的利弊。

卡耐基对经理说："如果将会议厅租给某个企业，肯定比租给我的租金高。这对饭店来说，肯定是非常有利的，但目前的情况是：很难临时找到长期租用你场地的客户。如果你提高一倍的租金，我肯定负担不起，只能另找地方。那么场地只能闲置，酒店一分钱都赚不到。另外，我请来做演讲的都是知识渊博、地位尊贵、有影响力的人。这些人对酒店来说就是免费的宣传大使，即使你花钱做宣传都不一定有这种效果，而且他们在酒店要吃饭，要消费。对酒店来说，这不是一举多得吗？"

最后，卡耐基希望酒店经理再认真地考虑一下，然后告诉他最终结果。第二天，酒店经理找到卡耐基并告诉他，只涨 0.5 倍的租金。

在和酒店经理的沟通中，卡耐基没有一句提到租金上涨会对自己造成什么损失，反而一直站在对方的立场上帮助对方分析得失。酒店经理在权衡利弊后只涨了一部分租金，卡耐基也接受了酒店租金的小幅上涨，可谓是双方都很满意，实现了真正的双赢。

我们在与人合作时，如果希望对方接受我们提出的条件，那么无论是讲大道理，还是威逼利诱，都不如换位思考更有效。

◇ 善于倾听

苏格拉底曾经说过："上帝赐人以两耳两目，但只有一口，欲使其多闻多见而少言。"能说会道固然能够使你在人际交往中获得人气，但是有时候沉默才是最好的沟通方式，所谓"此时无声胜有声"。

沟通本身是一种需要双方共同参与的活动，在沟通的过程中，有一方在说，就必然有一方在听。然而，要成为一名合格的倾听者并不是一件容易的事情。在具体的沟通场景中，什么时候应该发言，什么时候应该保持倾听状态，取决于如何做才能让信息传递到位，这是基本的沟通原则。

我曾经从前辈那里听到过一个故事，故事的主人公是某上市企业的市场部主管。当时，公司正在筹划一个营销活动，而他们部门需要做好活动的策划和宣传工作；但在筹备过程中出现了纰漏，最主要的原因是上级主管习惯性地忽略了来自一线工作人员的反馈。

传统的企业管理大多是上传下达、上行下效，企业结构中权力过分集中，很容易导致上下级之间信息沟通不到位，常常出现信息流通不畅的现象，从而使企业蒙受巨大的损失、付出高昂的代价。的确如此，传统的企业管理模式僵化守旧，上级发布命令，下级遵照执行，但是相互之间的联系沟通却十分有限。若领导与员工缺乏沟通，项目的执行就会形成断层。有效的沟通是促成项目顺利推进的前提，那么，在沟通的过程中，我们最容易忽视的是什么呢？是倾听。高效的倾听，更利于同事之间增进了解，配合默契。

既然倾听如此重要，那么该如何倾听呢？

首先，善于捕捉核心信息。以销售人员为例，他必须通过短时间的交流确认客户的需求，并且针对客户的需求提供相应的产品和服务。只有这样，才能成为一名优秀的推销员。

小李是一家教育企业的课程销售人员，某位新入职的销售员在某天向他发来求助信号。原来，一位客户在深入了解课程信息之后，向销售员提出各种各样刁钻的问题，这位新入职的销售员已经无力招架，于是才向他求助。小李跟这位客户沟通之后发现，虽然他问了各种各样的问题，但是所有问题的落脚点都在于想确认该培训机构是否能够提供高质量的教学。于是，小李的每一个回答都围绕着课程能够给孩子的学习带来帮助，三言两语就打消了客户的顾虑。新入职的销售员在面对客户的问题时，没有从中获取有价值的沟通信息，这是他与客户沟通失败的主要原因。在沟通的过程中，大多数人都想成为话题的主导者，却忘了有时候听比说更重要。倾听能够帮助我们了解对方最根本的需求，从而为对方提供最精准的服务。

其次，整合听到的信息。正处于实习期的小张看上去非常不擅长与人交往，在集体活动中总是最安静的那一个。没想到不久之后小张竟然转正了，并且是该批实习生里转正最快的一个。无论是谁，来到一个全新的环境，都会有陌生感和胆怯心理，在这段时间内，最好先安静地观察其他人是如何做事的。小张在实习期间一直默默地关注着周围的同事，默默地倾听大家的谈话，从大家谈话的一些细节中快速地了解了企业的现状、企业的发展方向和企业的经营理念。熟悉了公司的基本情况以及自己的职责之后，小张接受了第一份任务，即与客户进行日常沟通。这项任务对于刚入职的小张来说还是比较困难的，毕竟他以前完全没有接触过这类事务。虽然在之前熟悉业务的时候，小张已经大致清楚了沟通的内容以及相关技巧，但是实际操作起来依旧是有困难的。好在小张准备工作做得扎实、细致，他把平常从同事那里听来的信息加以整合，列了一份沟通清单，最终圆满地完成了此次沟通任务。事后，小张根据客户反馈的意见，对客户的需求做了详细的记录。在公司的几次重要会议上，小张都有针对性地提出相应的解决方案，让领导对他刮目相看。没有人天生就善于与人沟通，在沟通之前一定要学会倾听，在倾听之后一定要及时整合相关信息。胸有成竹，自然也就知道该怎么说了。

最后，用心倾听胜过千言万语。前段时间，好朋友打来电话，电话中的她情绪低落，跟我诉说自己与男朋友之间的种种不愉快、这段时间男朋友的所作所为，以及导致两个人关系冰冷的主要原因。在这次的通话过程中，我没有跟着她一起指责她的男朋友，也没有帮她提任何建议，只是安安静静地听她说。因为我知道，对于他们两人的问题，她比我清楚，并不需要我提供什么策略，她需要的只是有个人能让她尽情地宣泄情绪。几天之后，她打来电话向我表示感谢，感谢我在她伤心时的陪伴。其实，当有人向你倾诉烦恼的时候，他多半已在心中做出了决定，他想要的只是一个值得信赖的倾听者。尤其是对于他人的感情问题，我们更不能站在自己的立场上为对方出谋划策。因为无论对方与爱人分手还是和好，出谋划策的人都会落个被埋怨、被责怪的下场，所以不要掺和别人感情上的事。很多时候，对方的心中早就有了答案，他只是想找个人说说一肚子的委屈，并不想要别人给他提供解决方案。你可以听他哭，听他笑，就是不要多说什么。

大多数人习惯性地想要在人际关系中占据主导地位，殊不知，有时候无为而为才是最好的应对方式。在与人沟通的过程中学会倾听，不要过于着急地表现自我，记住：愿听者仁，善听者智，兼听者明。

◇ 温柔沟通

　　马歇尔·卢森堡提出四种"蒙蔽了爱"的沟通方式：一是道德评判；二是比较评判；三是责任评判；四是强人所难。道德批判是指当别人的做法不符合我们的价值观时，就会认为其是不道德的或邪恶的。比较批判是对两者进行比较，比较所产生的差距会影响我们对于世间万物的判断。责任批判是指以"我不得不"为借口回避责任，即常常以回避的语言代替需担负的责任。强人所难是指以一种居高临下的命令口气要求他人做不愿意做的事情。随着非暴力沟通这一理念逐渐为人们所接受，人们开始慢慢地认识到相比于暴力沟通，非暴力沟通为人们提供了一种全新的沟通方式，运用这种沟通方式，人与人之间的相处会更加和谐。

与非暴力沟通息息相关的就是温柔沟通，无论是在职场竞争中，还是在商业谈判中，或是在和家人、朋友的相处中，温柔沟通总是能四两拨千斤，用力小而收获大。

上大学时，我加入了学校的外联部。外联部的刘欢是一个温柔、善良、具有亲和力的人。当时，学校有一个活动需要寻找赞助，外联部就负责与赞助方商谈相关事宜。外联部的领导们跑断了腿，但合作依然没谈成。后来，这个任务交给了刘欢。她接手任务的当天，就签下了合同。

合作公司的经理对外联部的王部长说："你们部的小刘太温柔了。她跟我交流时的态度和语气真让人愉快，其他人可没有她那样的能力。"

温柔沟通能让你广受欢迎，拓展人脉，更好地开展工作。以柔克刚是一种沟通技巧，也是一种沟通能力。

在沟通过程中，能够体现温柔力量的因素有很多，下面介绍一些基本的技巧，供大家借鉴。

转换语气

说话的语气不同，对整句话的意思表达有着很大的影响。就拿"谢谢"这两个字来说，如果是用轻飘飘的语气带过，会显得你不太尊重对方；如果说话时的语气较为急躁，就让人听起来有发脾气的意思。所以，在说话时要注意语气、语调的控制，这样能够有效减少不必要的矛盾。

在不同的场合需要使用不同的语气。请求他人帮助时，应该使用诚恳而缓慢的语气进行表达，比如可以用"麻烦了，可不可以……"这样的句式来表达，尽量让对方感受到你的诚意，从而心甘情愿地提供帮助。

情绪调整

情绪是很难掌控的，我们在与人沟通的过程中，很可能会因为对方的某个行为或某句话就产生情绪波动，甚至导致争吵。在沟通过程中，矛盾的产生是不可避免的，但这并不是说就可以因此混淆沟通重点，把"求同存异"的和善交流变成"你死我活"的辩论大赛。沟通的目的不是为了评判对错，而是为了消除分歧、达成共识。在这个过程中，最重要的就是要做好情绪管理，不能为了宣泄个人情绪而导致整个沟通失败。

无论是在什么样的场景中，当一些事情无法尽如人意的时候，我们要学会调整自己的情绪。不论沟通的结果如何，至少能给对方留下一个不错的印象。无论发生什么样的事情，我们都要学会克制，以温柔的力量对抗一切坏情绪，以温柔的力量去打动别人。世界上有一种强大，叫作温柔的力量。

共 情

　　上班高峰期的地铁里可以说是人山人海、摩肩接踵。每天早上匆匆忙忙挤地铁时，经常会听到那边传来一声"你踩到我了"，这边暴躁地回应一句"不要挤了，挤什么挤"……这几乎是每日通勤路上一定会上演的剧目。地铁到站时，车里面的人觉得再挤就站不住了，车外面的人希望里面的人再往前挪两步，自己就能挤上去了。有人面对此情此景提出过一个问题："如果你是车上的乘客，你会怎么做？如果你是搭不上地铁的乘客，你会怎么做？"当处于第一种情况时，你可能也会觉得人太多了，实在太挤了，不想往里挪了；当处于第二种情况时，你一定希望大家再往里挤挤，以便让你上车，这样上班就不会迟到了。同一个场景，不同的立场，所思所想、所作所为截然相反。

　　人本主义创始人罗杰斯提出"共情"这一概念，也可以称之为"同理心",意思是说主体被放在客体的场景中去体验,才能够身临其境地感受到客体的感受。所以,不管是挤地铁,还是面对工作、生活中的各种矛盾,当我们把自己放到对方的立场上去考虑问题的时候,我们才能够真正地理解对方,才能做到温柔地沟通。

恰当的语气、宽容的气度和适当的同理心都是温柔沟通的重要技巧。这些技巧的运用可以大大减少人与人之间的冲突,帮助你营造良好的沟通环境,获得更多的人脉,同时也有助于维护人际关系的和谐,让你的人生道路越走越宽阔。

第七课

妙用表达技巧，轻松应对任何场合

◇ 如何化解冷场的尴尬

在与人沟通交流的过程中，有时会因为找不到话题而冷场。虽然说"沉默是金"，适当的沉默能够调节谈话的节奏，给予对方思考的空间，但是不合时宜的沉默却是沟通过程中的阻碍，会对沟通结果造成不好的影响。所以，在提倡高效沟通的时代，我们应该努力化解这种由不恰当的沉默带来的尴尬，避免沟通陷入僵局。

那么，当话题无法进行时，我们该如何应对呢？

从对方身上寻找话题

我们可以通过从对方身上寻找话题来缓解尴尬气氛，当谈论的内容和对方息息相关时，对方通常会很快地做出回应，加入到谈话之中。

　　有一次，小王被派到某个城市开会。会议结束之后，上级领导邀请主管们一起吃饭。由于小王刚升职没多久，并且来自另一个城市，所以和其他主管们不是很熟悉。在聚餐的时候，小王很沉默，显得格外尴尬。小王想要尽快破除和其他主管之间冰冷的陌生感，毕竟在以后的工作中还需要精诚合作、相互关照，于是他决定先跟坐在身旁的主管交流一下。在谈话之前，小王仔细观察了一番这位主管，只见她手上带着一颗硕大的钻戒，因此小王推测她已经结婚了。小王决定从家庭这个话题入手，果然打开了对方的话匣子。这位主管越聊越起劲儿，二人相谈甚欢。对方对小王印象很好，后来在与他人交流时还时常带上小王。最后，小王顺利地和一半以上的主管都有了更深入的交流。

　　在与人沟通的过程中，我们要善于捕捉细节，通过一些细节快速地从对方身上找到话题，进行积极的沟通。有时候你觉得跟某个人初次见面就很有默契，很可能是因为这个人摸透了你的脾气。你的一言一行所传递出来的信息被他观察到了，于是他有意识地围绕着与你相关的话题进行沟通，自然会让你觉得和他一见如故，心有灵犀。

谈论对方感兴趣的话题

研究表明，在与人沟通的过程中，谈论对方感兴趣的话题，会让沟通更加顺畅。所以，通过谈论对方感兴趣的话题来调动对方沟通的积极性，不失为一种聪明之举。

我有一个朋友，平时只喜欢一个人安静地待着。和她共处于同一个空间的时候，会感觉比较沉闷。所以，为了避免出现这种尴尬的局面，我会有意识地避开对方。这种逃避沟通的做法存在着很大的问题，很有可能会让两个人渐行渐远。偶然的一次机会，我发现当我谈论的话题与她喜欢的事物相契合的时候，她就变得活跃起来，简直有说不完的话。例如，当我聊到电影音乐时，她总是能够给我科普很多相关知识，这个话题一开，她的话完全停不下来。从此以后，我和她的相处模式改善了很多，我们之间的友谊在愉快的交流中变得更加深厚了。

在生活中，当有人问你："最近刚出道的×××，你喜欢他吗？"如果你直接回答"不认识"或者"不喜欢"，其实就扼杀了对方展开话题的欲望。对方可能只是想寻找一个开启沟通之门的理由，但是你的回答，让他瞬间失去了继续讨论下去的兴致。所以，在与人沟通的过程中，尽量对别人感兴趣的话题给予积极的回应，过于耿直的回答很可能把天聊死。

◇ 生意场上的谈话技巧

每位成功的企业家，都有一套带有鲜明个人风格的谈话技巧。在生意场上，谈项目、谈融资都离不开一个"谈"字，即借助语言进行沟通。沟通目标的达成意味着可以争取到最大的利益，而这往往离不开强大的沟通能力——敢于先发制人，也懂得稳妥撤退。因此，生意场上的沟通往往具有进攻性，谈判双方都会为了争取利益的最大化而努力。如何在生意场上所向披靡呢？建议从以下几点进行修炼。

握紧底牌

在对方还未出招之前就暴露自己的底牌是极其愚蠢的行为，也是一件很危险的事情。不可以轻易地相信他人，底牌意味着要价的底气，一旦轻易地暴露给对方，那么注定会输得很惨。只有紧握底牌，才能在谈判中拥有更多的筹码。

在购物时，对于没有明码标价的商品，大多数人会跟店家讨价还价。而店家第一次告诉你的价钱一定不是最低的出售价格。因为只有存在浮动空间，才能满足人们讨价还价的心理。在生意场上也是如此，如果一开始就暴露自己的底牌，那么后续只能亏本谈判。在电视剧中，我们通常会看到这样的商业谈判场景，只见一方十分不情愿地说："我们是多年的朋友了，这是我们公司能够给出的最低价格了。"真的是最低价格吗？事实上并非如此。这只是一种谈判技巧，或者说套路。在谈判中，切记不要因为谈得顺利或者不顺而流露出太多的情绪，真实的情绪流露只会让谈判结果出现更多的变数。

无论做什么事情，都要懂得隐藏锋芒，不要轻易亮出自己的底牌。只有给自己留有谈判的余地，才能够步步为营，赢得更多的主动权。

打破僵局

生意场上的谈判，双方都会据理力争，竭尽全力争取最大的利益，当双方互不退让时，就很容易使谈判陷入僵持的局面。陷入谈判僵局可能会导致谈判中止或者破裂，那么，我们该如何巧妙地打破谈判僵局呢？

陷入僵局并不可怕，可怕的是没有办法破局。如果双方不能就谈判意向达成一致，那就需要重拟协议，直到双方都满意为止，当然，前提是双方都有继续谈判的意愿。在这种情况下，双方可以另约时间进行谈判，以便有充足的时间进行准备，下次谈判的时候可能就会比较顺利。如果双方僵持不下，需要一方做出让步，那么我们就需要权衡利弊，看看自己的让步是否值得。如果值得，那么可以进行下一轮谈判。毕竟，在商场上，利益大于一切。

用实力说话

当一个德高望重的成功人士郑重地对你说"你一定会成功"时，你往往觉得浑身充满力量，未来一片光明。但如果是一个无足轻重、浑浑噩噩地混日子的人告诉你"你一定会成功"时，你多半会觉得对方在忽悠你。为什么同一句话，不同的人讲出来却有截然不同的效果呢？其实道理很简单，那就是成功人士用自己的经历证明了所有的努力都不会白费；而一事无成的人没有成功的经验可谈，无法用事实说服别人，他的鼓励像极了安慰和敷衍。所以只有自身具备强大的实力，才能在谈判的时候占据主动。

谈判时，切忌用虚假的、不着边际的承诺来说服别人。商业谈判的双方只相信利益，不靠谱的数据或者担保很容易被揭穿，一旦给对方留下不专业、不诚信的印象，恐怕很难挽救。

商场如战场，需要大心脏、大智慧，只有合理地运用沟通技巧，才能够在商务谈判中取得成功。

◇ 你的提问方式对吗？

要想使沟通结果尽如人意，我们需要具备卓越的沟通能力，包括提问的能力。恰当、精准、优质的提问，能够让我们在沟通中获取更多的信息；错误的提问，则会使沟通双方感到尴尬，甚至还会使自己变得被动。所以，学会在沟通中正确提问是一件非常重要的事情。

虽然提问在沟通中占据着重要地位，但是仍有很多人不会提问。主要表现在以下几个方面。

第一，提问偏离主题。这显然是一种无效沟通。我们常常会不自觉地转移话题，然后沟通就开始无限地偏离主题，直至完全偏离最初的沟通目的。比如，你和朋友最开始商量的问题是去哪里吃饭，但是在商量的过程中，发现新上映的电影颇值得一看，于是就决定先去看电影。

最初的沟通目的是探讨去哪里吃一顿饭，最后的结果是决定去看场电影。可见人们很容易被无关的信息所干扰，所以在沟通中切莫让你的提问偏离主题。偏离主题的提问往往会打断对方的思路。比如，员工本来想向领导汇报工作，但是被领导问了一些杂七杂八的问题，结果导致员工遗漏甚至遗忘了原本计划汇报的事项。这种情况会严重影响工作的推进。

第二，信息接收出现偏差。当我们在同某人的沟通中找不到对方想要表述的要点时，说明我们在信息接收方面出现了偏差。例如，你的一位朋友本来在向你倾诉最近跟伴侣之间出现的问题，突然话锋一转，开始说起身边的情侣如何如何。当你接收到这些信息的时候，你可能会感到迷惑：对方是想向你倾诉跟伴侣之间的不和，还是想跟你聊八卦？看起来，对方似乎转移了话题。对于你来说，需要做出判断。如果判断失误，信息接收出现偏差，你们的谈话自然而然地就会转移到那些八卦上去。所以你要及时发现朋友提到的事情的共性，无论她说了哪个人的八卦，中心话题始终围绕着恋爱问题。这个时候，你应该就这方面的问题进行提问，这样才不会使谈话偏离主题。

第三，问题模糊不清。精准、恰当的提问能够有效地减少工作中的失误，这也是评判管理层人员是否优秀的标准之一。

公司派遣小Ａ去某城市参加项目交流活动，小Ａ回到公司之后，领导把他叫到办公室，问道："如何？"小Ａ一下子没反应过来，回答道："还好。"领导有些着急地再次问道："项目交流进展得如何？"小Ａ这才明白领导的意思，于是急忙跟领导汇报情况。这是在工作中最常见的沟通模糊不清的问题。提问不够精准，很难将沟通引向深入。

善于沟通的人总是能够快速找到合适的话题，消除对方的戒备心理，引导对方跟上自己提问的节奏，从而让沟通圆满完成。需要注意的是，重视提问能力并不意味着你要一直提问，提问的目的是了解对方真实的想法和需求，然后根据他的想法和需求做出相应的反馈。只有这样，才能够赢得对方的信任和尊重。

赢得对方的信任是获得理想的沟通结果的关键。如果对方对我们所提的问题有疑问，千万不要立刻反驳，而是要让对方将疑问说出来。

在沟通中，我们可以采取下面两种方式进行提问。

委婉式提问

这是一种能避免尴尬局面的提问方式。当你跟沟通对象交流了一段时间后，可以委婉地征求对方的意见："我要说的就是这些了，这些协议还是比较符合贵公司的要求的，您觉得呢？"这种提问方式能给彼此留出一定的思考空间，不管对方同意与否，都能使沟通继续下去，而且这么问也能获得对方的好感。当然，如果对方给出肯定的回答，那就更完美了。

递进式提问

这种提问是一环扣一环的，前一个问题为后一个问题做铺垫，相对来说比较平和。我们在与沟通对象进行简单的交流后，不妨这样问："我们的专家可以给您具体介绍一下这款机器的使用方法，您什么时候有空，我们约个时间面谈，可以吗？"这种提问方式一般用在电话邀约中，我们可以通过对方的反应了解他有没有购买意愿。对方如果有兴趣，肯定会答应面谈；如果没有，那么我们可以尽快结束沟通，寻找下一个合作对象。

总之，在沟通过程中，我们常常会忽视提问的作用，这是错误的。提问是能够化被动为主动的有效手段。在对方不反感的前提下进行准确而得体的提问，能够大大提升沟通效率。

◇ 坚守原则和底线

有的人在沟通过程中过于谄媚，一味地迎合他人，以至于最后失去自我。我们通常认为八面玲珑的人善于处理人际关系，殊不知，真正会沟通的人都是能够坚守原则的人。在与人沟通的过程中，言辞可以不犀利，但是一定要坚守自己的原则和底线。

不唯唯诺诺

在人际交往中，唯唯诺诺地附和他人会给人留下没有主见、胆小怕事、世故圆滑等印象，这样的人显然不是一个理想的合作伙伴。不断地迁就他人，也会使我们忘记自己的初心，忘记自己到底想要的是什么，习惯了附和也就忘记了表达自我。

前段时间，一个同事在跟我聊天时聊到如何在人际关系中保持自我。从认识到现在，她给我的印象一直是性格温婉，为人随和。每次开会，她总是习惯于投赞成票，对于大家的任何提议都没有意见。但这种性格让她十分苦恼。我也是在跟她交流之后才知道，原来她很讨厌没有主见的自己。有时候，她虽然想提出不同的意见，但是因为害怕得罪人，所以就放弃了。其实，这样的人格属于典型的讨好型人格，因为想要获得别人的喜欢，所以不敢表达自己的意见，不敢对任何人说"不"。她小心翼翼地维系着一团和气的人际关系，殊不知，这种关系十分脆弱。

这样的人应该怎么改变呢？在《奇葩说》中，马东和蒋方舟的观点是："愧疚是最大的负能量，任性是最被低估的美德。"在与人相处的过程中，我们可以更自信一些，更勇敢一些。沟通无定式，学会坚守原则，才能让我们做独一无二的自己。

知世故而不世故

有一种为人处世的原则叫作"知世故而不世故"，这样的人洞察世间万物，却不愤世嫉俗；看清了生活的真相，却依然热爱生活。他们大智若愚、难得糊涂——大事精明，小事糊涂；他们能够在浮躁的社会保持本心，不会随波逐流，左右逢源。

知世故而不世故，历圆滑而弥天真。在人际交往中，有所为，有所不为；有所变通，有所坚守，才是较高的沟通境界。

坚守道德和法律底线

在人际交往中，必须坚守道德和法律底线，不做道德和法律不允许的事情。比如不造谣，不诽谤，不落井下石，不进行恶性竞争，不搞商业欺诈等。任何一种关系，到最后拼的都是人品。不择手段、见利忘义、缺乏契约精神的人，最终会被淘汰出局；触犯法律的人，会受到法律的制裁。只有品行端正、遵纪守法的人，才值得信赖和交往；只有人人坚守道德和法律底线，才能使社会环境风清气正、井然有序。

在人际交往中，坚守原则和底线，才会彼此信任，长期合作。

第八课

保证信息传递的准确性和有效性

◇ 正确地传递信息

　　只有在双方的相互配合下，才能完成有效沟通，实现双赢。沟通是有章可循的，有一些基本原则和沟通技巧能够保证沟通的正常推进。我们通常认为一次成功、完美的沟通需要双方临场发挥得好，但是我们往往忽视了沟通之后的反馈。对反馈意见认真地进行总结，能够为下次沟通提供宝贵的经验。

　　我们在前文中曾经说过，通过观察人们在言谈举止中透露出来的一些小细节，可以帮助我们了解对方真实的想法。无论是在生活还是在工作中，这个方法都是适用的。通过捕捉细节，我们可以洞察对方的内心世界，然后有的放矢，积极应对。在职场中尤其要注意察言观色，否则一句无心之言就可能葬送你的职业生涯。

在职场中，工作信息大多是垂直下达的，信息传递不畅，就会出现各种各样的问题。有人针对职场中的沟通做了一个相关调查，调查显示，大多数人在传递信息的时候都会反复核实，甚至还有一些人会请求其他同事帮助核实，其中核实最多的便是数字。这就说明在工作中，大家把信息传递给下一个人的时候会特别注意。只有一丝不苟，保证信息的正确传递，才能保证有效沟通，使工作顺畅地向前推进。

在我刚步入职场的时候，对于信息传递，尤其是文件中数字信息的传递格外紧张。有一次，领导分派了一个公司的宣传项目给我们，我的工作是辅助另外一个同事每周核实项目的完成情况，并将其转化为完整的表格信息。也就是说，我的主要任务是做好信息的收集、整理及传递。这份工作虽然不起眼，但其重要性不言而喻，因为公司领导只有接收到正确的信息，才能知道项目进行得是否顺利，才能制定下一步的工作计划。

由此可见，信息传递在整个工作环节中起着不容忽视、不可替代的作用。那么，我们怎样才能提高信息传递的准确性和高效性呢？

首先，我们要关注"沟通位差效应"。关于信息传递，我们需要先了解一个概念，那就是"沟通位差效应"。"沟通位差效应"是美国加利福尼亚大学的研究人员通过研究团队内部的沟通问题而得出的一个重要理论，其研究发现：领导层传递的信息只有20%～25%会被下级正确理解，而且从下向上的反馈信息被领导层接收的数量不超过信息总量的10%。这就说明在企业内部的沟通中，上下级之间是存在着信息位差的。了解了沟通位差效应，我们也就清楚了为什么在企业内部，项目的执行效率和完成程度总是低于预期。对于小公司来说，这样的沟通位差效应并不是特别明显，因为小公司人员少，易于管理，员工之间基本处在一个平等交流的平台上，所以很少存在沟通不到位的情况。但是，对于大企业来说，公司的业务大多是分门别类的，由主要的负责人来负责管理，这就容易造成上级的指令传递不完整，下级的反馈不到位，从而导致在项目推进的过程中出现严重的问题。很多大公司的衰败是从公司内部开始的，原因之一就是沟通不畅导致决策失误。

其次，我们要注重平行交流。其实，沟通位差效应带给我们一个重要的启示，就是要重视平行交流。在企业中，除了上传下达的信息交流方式，还有一种平行交流方式：双方在一个平等的平台上进行沟通交流，这样能大大提升信息传递的准确性。

　　沃尔玛的管理模式可谓是平行交流的典范。沃尔玛作为全球连锁公司，在世界各地都能够看到它的身影。对于如何管理这家全球企业，沃尔玛公司的董事长沃尔顿无疑是最有发言权的。在公司的内部管理中，管理层对于世界各地的员工提出的有助于企业更好发展的建议是来者不拒的。对于这些前来提意见的员工，沃尔顿每次都非常隆重地接待，并且认真地记录他们的意见和建议。只要是有利于企业发展的合理化建议，沃尔顿都会积极采纳，并且要求企业内部的管理人员认真地执行。正是这种相互信任、平等沟通的企业文化，才使得沃尔玛走到今天。只有平行交流顺畅，才能够真正做到信息的无阻碍传递。

　　第三，始终保持清醒的头脑。企业内部的信息传递既然大部分是上传下达，那么为了保证信息在层层传递的过程中少出纰漏，就要求相关负责人在传递信息的过程中保持清醒的头脑，对信息进行检查、核实。只有保持清醒的头脑，不犯糊涂，不掉以轻心，才能够避免低级错误。

　　信息不能够正确地传递，就不能够达成完美的沟通。错误的信息会导致错误的判断，错误的判断会导致错误的决策，错误的决策会造成巨大的损失，不可不慎！

◇有主见地接收信息

进入 21 世纪，随着互联网的兴起，网络与我们的生活联系得越来越紧密，我们每天都会接收到不计其数的信息。在这样一个信息爆炸的时代，如何妥善地处理这些信息，让这些信息帮助我们更好地发展，是一件亟待解决的事情。在沟通过程中也是这样，我们应该炼就火眼金睛，更加谨慎地甄别信息的真假。有些信息只是某些人使的障眼法，需要我们仔细判断。只有透过层层迷雾，才能看清真相。

我们一直在强调，对于纷繁复杂的信息，要有独立之见解，不可失去思考力，成为别人想法的复读机。特别是对于企业的管理者来说，失去思考力很快就会被时代淘汰。而对于普通员工来说，没有独立的见解，很难得到晋升的机会。公司需要的是能够解决问题的员工，管理者欣赏的是有头脑有主见的员工，因为只有这样的员工才能够给企业注入活力。

某企业的主管升职后，需要选一个负责人来暂时代理他之前的工作。这时候，他有两个选择：一名员工工作踏实，对于主管的任何指令都能够很好地执行，只是很少有自己的意见，都是主管怎么要求，他就怎么做；另一名员工则头脑灵活，很有自己的想法，经常提出一些合理化建议。面对这样两个人，如果你是主管，会怎么选择呢？第一名员工虽然工作勤勤恳恳，但是缺乏主见，需要别人帮助他做决策；第二名员工点子多，具备一定的洞察力，能够带领团队创造性地开展工作。从选择一名管理者的角度来说，第二名员工显然更有优势。

在与他人沟通的过程中，我们既是信息的传递者，又是信息的接收者。无论是传递信息，还是接收信息，都带有强烈的主观色彩，所以能否捕捉关键信息并做出正确的判断，会对沟通结果产生重大影响。

◇吃一堑，长一智

在与人沟通的过程中，我们总是会遇到各种问题。有时候让我们感到沮丧的不是问题本身，而是我们不长记性，总是重复同样的错误。在我看来，面对失败，一是要有屡败屡战的精神，二是要从失败中吸取教训。

晚清重臣曾国藩是历史上的一位传奇人物。他靠着坚忍不拔的毅力和勤奋好学的精神，成为晚清的中流砥柱。在他的官宦生涯中，太平军既是他的敌人也是他的恩人，没有太平军就没有后来的曾国藩。他虽然具备文韬武略，但在与太平军交手的时候仍然吃了不少败仗。据说曾国藩兵败靖港之后，曾经投水自杀，幸亏被部下及时救起。之后，他总结教训，对湘军进行整编，大大地提升了湘军的战斗力，这才有了后来的无限风光——湘军攻下南京城，曾国藩被封为一等勇毅侯，加封太子太傅。曾国藩之所以能被后人推崇为"立德立功立言三不朽，为师为将为相一完人"，与他善于自我反省、自我批评有莫大的关系。

沟通也是如此。失败不可怕，可怕的是被失败打倒。当我们被对方激怒时，最常说的一句话就是："你别跟我说话，我不想和你这种人说话，咱俩没法聊！"这种做法完全断绝了沟通的可能。当双方因为一句话而剑拔弩张时，应保持理智，稳定情绪，想办法扭转局面。

首先，我们要勇于面对问题，不要逃避。因为问题就在那里，即使你像鸵鸟一样，把头埋在沙子里，问题依然存在。即使你觉得很受伤，也要勇敢地面对问题，想办法解决矛盾、冲突。

其次，我们要在沟通前做好功课，在沟通时眼观六路，耳听八方，及早发现潜在的问题，快速消除隐患。有句话说得好："宜未雨而绸缪，毋临渴而掘井。"当大家都觉得某个问题显而易见时，就表明事态已经很严重了。就像我们贮藏水果，当看到表皮上烂了一点时，其实内部已经溃烂不堪了，亡羊补牢不如防患于未然。

我以前有一个非常合拍的搭档，跟他一起工作觉得心里很踏实，因为他永远会提前做好功课，把可能出现的问题都想一遍。他常说的一句话是："凡事预则立，不预则废。"

最后，我们要善于从失败中吸取教训。对于能够反思错误、改正错误的人来说，每一次的失败都是宝贵的财富，每一个"NO"都能让你离"YES"更近一点。

王阳明在《与薛尚谦书》中说："经一蹶者长一智，今日之失，未必不为后日之得。"只有执迷不悟的人才会一错再错。吃一堑，长一智。分析失败的原因，及时做出调整，只有这样，才不会重蹈覆辙。

◇ 职场沟通禁忌

在职场中，除了需要具备专业的知识和技能，还需要了解一些沟通禁忌。

第一，切忌带着情绪工作。带着情绪工作多发生在刚刚步入职场的员工身上。刚刚步入职场的新人，还没有完全褪去学生气，还没有找到自己在职场中的定位，所以依旧延续着上学时候的作风——凭着喜好做事。在职业生涯中，我们会遇到各种各样不顺心的事情，比如因为上手慢被同事指责，反应过度的人会觉得对方是在故意刁难自己，于是每天上班都板着个脸，跟人说话时总是没有好声气。把情绪带入工作中，工作很容易出错，而且会让人觉得你态度不端正、做事不认真、抗压能力差，反而招致更多的批评。你看，这是不是得不偿失呢？带着情绪工作，还会给同事留下一个不专业、不敬业、不理性的坏印象，谁还放心把重要的工作交给你？所以在职场中，无论发生什么事情，都要保持积极向上的心态，要长本事，不要长脾气。

第二，切忌高傲自大。我曾经遇到过这样一个同事，这位同事刚进公司的时候，优势非常明显，不仅是名校毕业，而且具有丰富的从业经验。刚到公司没多久，他就升职了。大家对他很是敬佩，他不禁得意忘形，在同事面前端起了架子。当下属遇到问题时，他从来不和颜悦色地帮助解决，而是一味地批评、指责。慢慢地大家就开始疏远他了，遇到问题也不再向他汇报了。有一次，由于他的疏忽大意，导致工作出现重大失误，他这才发现，如果自己及时跟下属沟通，这样的失误原本是可以避免的。从那以后，这位同事的态度发生了很大的转变，不再那么傲慢了。在工作中，骄傲自满会堵塞与同事之间交流的通道，阻断工作上的联系，严重的还会影响公司的发展。正确的做法是保持空杯心态，谨记"满招损，谦受益"的古训，只有谦虚、谨慎，才能够与他人融洽地相处。

第三，切忌过度追求完美。我有一个朋友，自称是一个完美主义者，无论做什么事情，都想做到最好。但由于过度追求完美，导致任务经常无法按时完成。他明明想把工作做好，结果却事与愿违。这就是过分追求完美所带来的负面影响。过分追求完美是一种人格缺陷。追求完美本身就是一种不完美。

第四，切忌传递负能量。当你下定决心去做一件事情的时候，如果有人嗤之以鼻地说："你不行，算了吧。"你会怎么想？在公司的一次例行会议上，针对公司的一些工作部署，有人未经调研，就公开泼冷水，说"这个项目投资太大，风险太大，不好落地，前景堪忧"等等。这种不负责任的言论，使得项目还未启动，就给大家蒙上了一层心理阴影。消极的心理暗示会削弱大家的斗志，让人变得犹豫、退缩、颓废、抑郁。爱说风凉话的人，肯定不会受到领导的器重，因为这样的行为显然已经损害了公司的利益。所以，无论是在什么样的场合，传递负能量都只会让自己成为令人讨厌的人。在职场中，不说闲话、不发牢骚、不像怨妇似的抱怨，才能够让你赢得好人缘，并且有更大的发展空间。

第五，切忌忽视细节。在与人沟通的过程中，切不可忽视那些不易觉察的细节。小小的细节中往往隐藏着巨大的机会和风险。有一家中国工厂和日本企业洽谈合作，在中场休息时，中方代表盛赞日方技术人员"技术精湛，表述清楚，水平一流"。还说"我们就欢迎您这样的专家"。该技术人员一时高兴，就得意地表示他在公司的地位举足轻重，跟谈判首席代表私交甚好。中方人员顺势问道："贵方首席代表是你的好朋友吧？"该技术人员回答道："我们常在一起喝酒，这次与他一起来中国，就是为了成全他。"中方代表很好奇："此话怎讲？"日方技术员迟疑了一下："我来是希望助他一臂之力，他这次回去后就可以升为部长了。"中方代表热情地表示："这么说来，我也得帮助他，否则，我就太不够朋友了。"此番谈话后，中方代表认为日方首席谈判代表为了顺利晋升，一定会积极促成合作。于是，中方谈判人员利用这个意外得来的信息巧妙施压，谨慎地推进商谈，最终既使谈判获得成功，又为自己争取到了最大的利益。所以，注重细节，有时候能够让我们得到意想不到的收获；忽视细节，则可能泄露商业秘密。

上面提到的五个职场沟通禁忌，一定要谨记在心。也许我们做不到不犯错误，但可以做到少犯错误和不犯低级错误。

第 九 课

高情商的表现，就是『会沟通』

◇ 注重日常社交礼仪

沟通高手之所以能够成为沟通高手，一个重要的原因就是他们能够在沟通中让对方感到舒服。在沟通过程中，遵循基本的社交礼仪，能够为沟通的顺畅进行提供强大的助推力。

着装礼仪

我们经常需要出席各种活动，在不同的场合，需要遵循不同的着装礼仪。在正式的场合，男士需要身着正装，并且需要在衣服颜色的搭配上遵循"三色原则"，也就是说，身上服饰的颜色不能超过三种，这是为了表现男性的成熟、稳重。对于女士来说，在正式的场合，也需要身着正式的礼服并注意颜色的搭配，当然，相比于男性，女性有更多的服装款式可以选择。在职场中，女性需要注意的是，不要选择过于鲜艳抢眼的颜色，并且在上班的时候尽量不要过度打扮，清清爽爽的形象更能够为自己加分。

自我介绍

有人因为职业的关系，会与形形色色的人打交道。在第一次见面时彼此之间不是很了解，因此做好自我介绍就显得尤为重要。除了做到大方得体和不失礼貌之外，自我介绍的内容和方式也要独具特色。唯有如此，才能给人留下深刻的印象。

张玲和殷红都是刚毕业不久的大学生，两人一起应聘某公司的总经理助理职位。几天后，公司通知两人前去面试。在面试过程中，工作人员让她们分别做一下自我介绍。

张玲说："我今年24岁，英语系毕业，已经通过了专业八级的考试。我的性格活泼开朗，做事认真负责，平时喜欢旅游和音乐，希望能成为贵公司的一员，为公司尽一份力。"

殷红介绍说："我的基本情况已在简历上写得很清楚了，相信各位领导在面试之前已经有所了解，关于这部分内容我就不再多说了。我想在这个基础上补充和强调两点：第一，我的英语口语能力很好，在上学期间曾兼职做过同声传译；第二，我的文笔很好，从高中开始我写的文章就陆续在一些报纸和杂志上发表，直到现在我也没有中断过写作。如果可以的话，我想选一篇发表过的文章给各位领导看一看。"

自我介绍看似很简单，但决不能掉以轻心。它是我们直观展示自我综合水平的大好时机。自我介绍做得好，能给人留下美好而深刻的印象，快速得到对方的认可。

握手礼仪

在与人见面或告别时，有时需要握手。虽然只是一个小小的举动，其中却有很多讲究。比如，握手的时间不能太长，手掌不要弯曲。如果对方是你的平级或者下级，你应该主动与对方握手，避免别人误会你眼高于顶。男士跟女士握手的时候，不要全力握住整只手，轻轻触及后即要放开。切不可紧握着女士的手不放，也不可一边握手一边打量对方。握手和其他的礼仪一样，最重要的一点就是：在整个过程中要让对方感到舒适。

电话礼仪

电话礼仪是所有沟通礼仪中最容易被忽视的。因为缺少面对面交流的真实感，所以很多人在打电话时表现得率性随意，从而影响了自己的人际关系。那么，应该注意哪些电话礼仪呢？

首先，在电话中要主动打招呼并介绍自己，表明自己的身份。如果不主动介绍自己，会让对方产生戒备心理，并且对此后的沟通造成消极的影响。主动打招呼并介绍自己，能够给人以亲近感，让对方产生"这个人温柔可亲""这个人懂礼貌""这个人素质高"之类的感受。一旦对方放下戒心，那么在接下来的沟通中，你就比较容易获得信任。

其次，在电话中要注意话题的切入方式。如果你打这个电话的目的是为了保证通知到位，那么在表明身份后，就可以直接进行通知。如果是为了回访客户，那么就需要注意一下话题的切入方式。不要一个人唱独角戏，而是要跟客户有良好的互动，在沟通的过程中要尽可能地了解客户的终极需求和满意度。

最后，在电话结束的时候，直接挂断电话是极其不礼貌的行为，所以在挂断电话之前，可以说几句客气话，比如"您先忙""不好意思，打扰您了""谢谢您的配合"等。在通话结束的时候，也不要失礼。

不管什么情况，在沟通中一定要考虑对方的感受，要让对方有被尊重、被重视的感觉，这是最基本的沟通礼仪。

◇ 助人者，人恒助之

瑞士心理学家皮亚杰提出"自我中心主义"理论，他指出：刚出生的婴儿对于世界没有任何认知和感受，在他们的思想观念中，"我即世界"。他们看待万事万物具有很强的主观性。在他们的个人认知中，世界万物都在围绕着自己运转。在长大的过程中，他们才渐渐能够分得清世界和自我。对于婴儿来说，他们无意识的自我行为并不会对其他人造成伤害。但是在竞争激烈的职场中，有些人秉承着精致的利己主义原则，为了维护自己的利益，不择手段地伤害他人，最终落得"两败俱伤"的悲惨结局。作为一个成年人，懂得合作共赢，才是明智之举。否则，与婴儿何异？如果不想做一个巨婴，就要做到以下两点。

乐于助人

有的人对待任何事情都抱着一种投资心理，一旦自己付出之后，就必须要求有所回报。这样的做法可能会带来一时的收益，但是从长远的角度来看，损失最大的还是自己，因为"以利交者，利尽则散"。由于你的功利思想和短视行为，你的生活中可能不再存在亲密关系。如果你与任何人的关系都只是赤裸裸的利益关系，那么一旦利益消失，谁都可以将你抛弃。

小 A 是某部门的主管，每当部门有新人来到，都由小 A 负责培训。小 B 是该部门新入职的员工。在入职的第一天，小 B 就感觉到整个部门的气氛很沉闷，但是作为刚参加工作的职场小白，小 B 也不敢多问。在一次部门会议上，小 A 对小 B 说："做好自己的事情，不要管别人。"小 A 之所以这样说，是因为他看到小 B 经常帮其他同事干活。在小 B 看来，同事之间就应该相互帮助。小 A 的观点，他实在无法苟同。时间久了，小 B 才知道，原来小 A 在同事中的口碑并不好，大家都不喜欢他。小 A 利用主管的职位抢占他人的功劳，并且还克扣公司发给大家的福利，所以除了必要的工作交流外，大家都不愿意跟他多说一句话。后来在执行某个项目时，小 A

因为失职被降了级，就更没有同事搭理他了，没过多久，小A就辞职了。

在职场中，乐于助人，能够拉近与同事之间的距离，实现互助共赢。人心换人心，所谓："爱人者，人恒爱之。助人者，人恒助之。"

做事先做人

在职场中，个人的力量是有限的，团队的力量是无穷的。一个人即使再能干，单枪匹马也敌不过千军万马。所以，如果不想一个人战斗，就要经营好自己的人品。好人品是做人的根本。举个例子，如果你在工作中核实相关数据时，发现某个财务数据有点问题，而你此时迫切需要这组数据，你就需要得到财务部门的帮助。如果对方敬重你的为人，那么这件事情很快就能迎刃而解；但是如果你平时做人总是以自我为中心，对方这时候可能不会急于帮你解决问题，那么你只能等待他将手中的工作完成后再帮你核实。

做事先做人。如果你待人热情不冷漠，为人仗义不凉薄，那么当你遇到困难时，对方才愿意出手相助。

在职场中，竞争虽然不可避免，但合作才是主旋律，精致的利己主义者是站不住脚的，迟早会被淘汰。只有真诚、善良、正直、宽厚、热情、仗义的人才能走得稳，走得远。

◇ 发挥主观能动性

沟通中最忌讳的就是当对方向你发出沟通信号的时候，你没有及时回应；很可能在你没有回应的这段时间里，局面已经发生了重大的改变。

近些年来，社会上围绕着是否应该开通手机"已读"消息通知功能的讨论，一直都没有停止过。对于是否应该开通手机"已读"消息通知功能，有两种截然不同的意见。一方认为开通手机"已读"消息通知功能，能够使发送消息的人清楚地知道对方是否已经看到了自己的消息，毕竟苦苦等待对方的回复，是一件极其折磨人的事情。另一方认为不应该开通手机"已读"消息通知功能，毕竟在工作和生活中，总有一些消息是我们不想回复的，如果开通手机"已读"消息通知功能，势必会使彼此感到尴尬。

这个问题其实无须讨论。我认为，只要是与工作有关的消息，必须立即回复。因为一旦消息沟通不及时、不到位，很可能会造成不必要的损失。

对于其他信息，也应及时回复，即使你的回复是"NO"，也比不回复强。

首先，应积极回应对方的邀请。

在工作和生活中，有时候我们会不自觉地想要逃避对方的邀请，但是适当地参与人际交往，是一种与他人联络感情的便捷方式。面对他人发出的邀请，应该积极主动地进行回应。置之不理或者逃避，只会让彼此之间的关系陷入尴尬，对以后的关系发展也会产生消极的影响。及时、礼貌地回复对方的邀请，即使最后的答案不是对方想要的，只要你说明理由，对方也能够感受到你的真诚和对他的尊重。

其次，发现问题，及时沟通。

在工作中，当我们发现问题时，很少会主动地去解决问题，我们总是被动地等待对方提出解决方案，就像是在玩一个"谁先说话谁就输了"的游戏。殊不知，在职场中，一旦发现问题，就应该第一时间与对方沟通，共同想办法解决问题。在最短的时间内解决问题，能够避免和减少不必要的损失。

　　比尔·盖茨曾经说过："一个好员工，应该是一个积极主动去做事、积极主动去提高自身技能的人，这样的员工，不必依靠管理手段去触发他的主观能动性。"可以说，80％的管理者更加喜欢在工作中积极主动的人。有的人在工作中表现得畏畏缩缩，不敢主动表达自己的意见，这种性格的人，在职场中没有存在感，往往会被替代。企业需要的是敢闯敢干、能够创造效益的人。主观能动性强的人，通常也是习惯于自我反省、自我提升的人，在项目完成后，能够及时总结经验教训，并与团队成员分享，为执行下次的任务提供借鉴。

　　最后，出现问题，从容应对。

　　本文之所以把"发现问题"和"出现问题"分开讲述，主要是因为对于主体来说，"发现"是主动的；"出现"是被动的。当问题出现的时候，大家面对突如其来的变故，往往会手忙脚乱，不知所措。这时候需要的是临危不乱，稳定军心。要强化主动沟通的意识，积极地与各方面沟通协调，尽快解决问题。不可慌作一团，也不可作壁上观。做自己能做的事，做一个有担当的人。

◇学会拒绝

在生活和工作中，我们一定听朋友说过类似的话："×××，你帮我……""×××，你现在不忙的话，帮我把……做了吧。"在他人确实需要帮助的时候，伸出援助之手是应该的，但是提供帮助并不等于无条件地满足对方的要求。乐于助人，当然令人敬佩，但是如果不管你有没有时间、有没有能力都有求必应，这种老好人的行为最终可能会让你们的关系破裂，甚至给双方都带来麻烦。有些人习惯了接受你的帮助，把这种帮助看成理所当然，毫无感恩之心。所以要学会礼貌地拒绝别人，这样才不会让对方的胃口越来越大，才不会让"升米恩，斗米仇"的事情发生。拒绝他人，要采取恰当的方法。采取什么样的方式拒绝，会直接影响彼此关系的走向。

委婉拒绝

在职场中，对于同事所提的要求过于直接地拒绝，不仅会破坏彼此之间的关系，还会妨碍工作。如何巧妙、合理地拒绝对方，其实是需要动一番脑筋的。

小陈因为刚进入公司，对一切都不是很熟悉，所以入职之后，为了了解情况，便请公司的一位同事吃了几次饭，但让小陈没想到的是，这一举动给她带来了很大的麻烦。此后，每次两个人一起吃饭，都是小陈付钱，而且这位同事还在网上找各种美食餐厅，喊小陈一起去品尝不同风味的菜肴。实在没办法，小陈只好在这位同事约自己出去吃饭的时候，带上了另一位朋友。用餐结束后，那位朋友付了款，小陈按照 AA 制原则，当场将自己应出的钱直接转给了对方。这位不喜欢付款的同事在这种情况下只能乖乖地转账。几次下来，对方再也不主动喊小陈出去吃饭了。

如果小陈这次的处理不得当，直接拒绝那位同事的邀请，可能就会导致对方因恼羞成怒而翻脸，这对刚进入公司的小陈来说是极其不利的。所以，要谨慎地处理与同事的关系，巧妙地沟通，既不会伤了和气，又能够委婉地拒绝对方不合理的要求。委婉地拒绝对方，不是直接跟对方说"不"，而是拐个弯，找个台阶让对方下来。有的人喜欢快刀斩乱麻，不喜欢旁敲侧击，但是在与同事相处时，直来直去是大忌。与其让对方难堪，不如委婉地拒绝对方，给对方留点情面。

先发制人

我们在购物的时候，导购员往往会死缠烂打地向我们推销各种各样的商品，你是如何处理的呢？当出现这种情况的时候，最关键的一招就是先发制人。其实，每个人都有一个专属于自己的安全半径，当有人越界的时候，我们的身体就会不自觉地后退，这是身体的本能反应。所以在购物的过程中，当导购员向我们走来的时候，我们可以先发制人，明确地告诉对方："不好意思，我想自己看一看。"

一位入职五年的老员工，在工作中总是让同事帮他做事情，每次的借口都是"忙不过来"。刚开始的时候，大家以为他真的忙不过来，所以都会帮他。后来大家发现，他把大部分时间都用在闲聊上，直到临近最后的期限，才开始动手去做，做不过来就求同事帮忙。大家清楚了他的套路之后，每次在他开口之前就借故躲开。边撤边敷衍他："主管有事情找我，我回来再说啊。"几次下来，一直碰壁的他再也不好意思开口了，也不敢拖延了，工作反而有了起色。

拒绝他人是需要技巧的，直接拒绝往往会伤害彼此的感情，不如找个拒绝的理由，让对方相信：你愿意帮忙，但是心有余而力不足。这样的拒绝比较得体、巧妙。

坦诚相待

一位年轻人开办的公司资金周转困难，想向朋友借一些钱。但是想到朋友的近况——最近，那位朋友家中也有一些棘手的事情需要处理——年轻人并不确定自己是否能够借到钱，只想去碰碰运气。到了朋友家中，年轻人先是与朋友寒暄了几句，然后才吞吞吐吐地说出借钱的打算。他的朋友听了之后，坦诚地说道："兄弟，实在是不好意思，我最近家里也遇到一点麻烦，我很想帮你，现在却没有这个能力。"年轻人脸上闪过一丝失望，这时候这位朋友又说："做不到的事情，我不能胡乱答应你。我们是多年的朋友了，我也不耽误你的时间。不过，我们可以一起想办法。"最后，在这位朋友的帮助下，年轻人从银行得到了一笔小额贷款。

　　有时候，坦诚地说明情况，能够有效地节约双方沟通的时间成本。但是，采取什么样的拒绝方法，还是要具体情况具体分析。学会得体地拒绝，掌握好拒绝这门学问，能够让我们巧妙地维系良好的人际关系。

◇ 亲密有间

人与人相处，如何才能拿捏好应有的"度"，是困扰很多人的问题。最近，一位朋友对我说，她总是处理不好人际关系，与人太亲近觉得失去了个人空间，太疏远又觉得彼此之间有了隔阂。她说："当我在公交车上挑选座位时，会与陌生人隔一个空座以保持距离。我原本以为只有我会这样做，心想是不是我的自我保护意识太强了，后来才发现不只是我，大多数人都是如此。"其实，每个人都有自己的社交防线，在社交活动中，相处得舒服自在是大多数人的美好愿望。而如何设定彼此之间的距离，则令很多人烦恼不已。

美国学者爱德华·霍尔博士根据人们之间的亲密程度，提出了四种人际交往距离：亲密距离、个人距离、社交距离和公共距离。明白了这四种交往距离，我们可以在一不小心闯入对方的领地、让对方感到不舒服时及时地进行调整。

面对陌生人，我们会不自觉地保持应有的礼貌和良好的礼仪，但是在面对熟悉的朋友时，我们却不知道如何拿捏这个分寸。因为彼此过于亲密，我们有时会大大咧咧，有时则会小心翼翼。然而，我们越是小心地与对方相处，越显得生分。因此，我们不妨秉持中庸之道，既不靠得太近，也不太远。

在美学领域有一个著名的论断——距离产生美。也就是说，只有当审美主体和审美客体之间保持一定的距离时，才会产生最佳的审美效果。同样，在生活中，给亲人和朋友适度的私人空间是十分必要的。小王最近和恋爱长跑七年的男友携手走进了婚姻的殿堂。在这些年的相处中，他们明白了一个道理，那就是不能总想着控制对方，一定要给对方留一点空间，给彼此留一些距离。因此，两个人的关系越来越好，终于在他们向往的城市中有了一个自己的小家。当我问及他们这么多年“相看两不厌”的秘诀时，她说是因为两个人摸索出了适合彼此的相处模式。因为工作的关系，两人相处的时间大多是在下班之后，但是在这段时间里，他们也很少打扰对方。

双方都惬意地支配自己的时间，或是读书、追剧，或是各自和朋友聚会。而一到周末，两人则会抛开所有的事情，把时间都留给彼此，一起旅游、看电影、看演唱会、分享生活中的趣事……既给对方留有独处的空间，又不忘享受共处的甜蜜，这就是他们能够为爱情保鲜的秘诀。

给彼此留有私人空间是一种细水长流的相处模式，但是选择这种相处模式的前提条件是彼此之间相互信任。保持合适的距离，可以让彼此更加珍惜这份感情。

有的人觉得跟人保持距离很麻烦，认为与其如此，干脆就不要交往了。需要说明的是，保持距离不是逃避沟通，而是希望双方通过这种方式既能感到自在，又能让关系长久。沟通拖延症是很多人在人际交往中存在的问题。有沟通拖延症的人在沟通前需要进行很长时间的心理建设；也有些人需要在别人的帮助下，才能够完成社交活动。长此以往，会让自己越来越孤僻，越来越封闭，越来越脱离人群。

在沟通中与他人保持合适的距离，具体来说，需要做到以下几点。

第一，彼此尊重。平等、尊重是一切沟通的前提。我们在电视剧中有时会看到这样的桥段：谈判在态度恶劣和态度友好的两者之间进行。这样的谈判往往还未开始就已经宣告结束了，因为态度恶劣的一方明显是带着偏见在谈。我们学过一个成语叫"爱屋及乌"，其实反过来也成立，"恨屋"也会"及乌"。所以说，尊重是展开有效沟通的前提条件。

第二，关怀备至。这句话的意思是，你需要在人际交往中及时注意对方的情绪，给予对方无微不至的关怀。提及海底捞的服务，很多人都交口称赞，它的热心服务让其在行业内获得了很高评价。某一次，我跟朋友在海底捞就餐，席间提到了一些伤心往事，朋友情不自禁地落泪了。这一情景被现场的服务人员看在眼里，及时送来了果盘表示关心。就是这样一个小小的举动，让原本不太开心的朋友感受到了温暖。在这个以服务周到为特色的企业中，类似的事情不胜枚举。因为服务有温度，所以才让海底捞拥有一批忠诚度非常高的顾客。

第三，善待亲近之人。周国平曾经说过："对亲近的人挑剔是本能，但克服本能，做到对亲近的人不挑剔是种教养。"因为关系太近，我们往往忽略各自的边界，把"我这是为了你好"当作万能的掌控他人的钥匙，这是一种自私的行为。爱不是枷锁，关系越亲密，越需要给对方一个自由的空间，不要过多干涉，不要有恃无恐。

总之，人与人之间要保持适度的距离，近之不逊远则怨,可见太近太远都不好。太近,往往会成为一种负担,甚至令人窒息;太远,则易疏离。心理学家把人际交往中的"心理距离效应"称为"刺猬法则",即亲密有间。只有这样,才既不扎人也不伤己。只有保持一定的边界感,才能让彼此之间的关系历久弥新。

Lesson 10

第 十 课

沟通达人的进阶良方

◇掌握分寸

可能很多人都有这样的体会，把事情做到恰如其分，往往是最难的。为人处事中最难以把握的就是"分寸"二字。把握好分寸，就意味着掌控好尺度，既不会太过，也不会不及。只有坚持适度原则，才能够让沟通双方都觉得舒服。

曾国藩手下有一名大将名叫鲍超，有一次，鲍超和曾国荃发生了矛盾，鲍超一怒之下，甩手走人。曾国藩听说这件事情之后，找到鲍超，语重心长地说道："你就这样甩手不干了，知道个中缘由的人，认为你们是在闹矛盾；不知道的人，肯定以为你对朝廷的安排不满，这样很容易给人留下把柄。"鲍超瞬间就被点醒了，自己原本只是一时负气，完全没有预料到可能会招来杀身之祸。因此，在为人处事中，要注意自己的行为举止是否有失分寸，太过于意气用事，只会让未解决的事情走进死胡同；表现得太没主见，又会失去机会，同样不能成事。只有在与人沟通中把握好分寸，才能够拥有良好的人际关系和成功的人生。

注意场合、身份

孔子说："可与言而不与之言，失人；不可与言而与之言，失言。"在不同的场合说恰当的话，考验的是一个人的环境感知能力、判断能力。在正确的时间、正确的地点说正确的话，能够体现一个人的睿智和教养。

在工作中，常常有人不分场合地开玩笑，这不仅会让周围的人倍感尴尬，还会显得自己智商不在线。例如，有人会直接在工作场合对他人评头论足，并且把这种玩笑话当作事实传播，传得多了可能就让不知情的人信以为真，给被谈论的人造成困扰和伤害。开玩笑是可以的，但是最好采取自嘲的方式，不要随意地开别人的玩笑；在工作中可以通过玩笑调节气氛，但是必须把握好分寸，尤其不能开低俗的玩笑。

会说话才有好人缘

　　会说话，能够有效地缓解尴尬气氛，也体现了一个人的情商和修养。

　　提及黄渤，出现在我们脑海中的标签是"演技好""情商高""在娱乐圈中人缘非常好"。在一次金马奖的颁奖典礼上，黄渤和郑裕玲搭档主持。郑裕玲调侃道："在今天晚上的这个盛典上，大家都隆重出席，黄渤你是穿着睡衣上台的吗？"黄渤机智地回答说："这里是我家。见客人，当然要穿得隆重一些，而我在自己家中，穿得舒服就好。"此言一出，瞬间就缓解了尴尬，不禁让人赞叹他反应敏捷、说话滴水不漏。有一次，黄渤接受小 S 的访问。众所周知，林志玲是黄渤心目中的女神，小 S 便问他，如果她和林志玲一起掉进水里，黄渤会先救谁。黄渤回答说，先救小 S，因为林志玲个子高，淹不死。但是，这样的话在小 S 听来可能意味着黄渤在嘲笑自己个子矮。这时，黄渤又说："你身材比例好。"小 S 听后开心了许多。

　　会说话并不是与生俱来的，而是通过实践不断提升的。在现实生活中，我们若想成为"会说话"的人，可以多向他人学习，看看人家何时说、说什么、怎么说，注意积累得体的沟通语言，这样才能在需要时信手拈来。

做好情绪管理

有时候，生活中一些冲击力较大的事件，会让我们崩溃到无法控制自己的情绪，以致肆无忌惮地伤害身边的亲人和朋友。殊不知，最亲近的人是用来爱的，不是用来伤害的。当然，情绪的爆发一般是无意识的，所以为了避免伤害他人，我们要学会做情绪的主人。

亚里士多德曾说："任何人都会生气，这没什么难的，但要能适时适所，以适当方式对适当的对象恰如其分地生气，可就难上加难。"那么，我们该如何恰如其分地生气呢？

首先，我们要学会察觉自己的情绪。在情绪爆发之前，察觉坏情绪的踪迹，并且加以控制。坏情绪的爆发并非毫无征兆，而是有迹可循。一般在坏情绪爆发之前，会出现较大的感情波动和无理由的心烦意乱。在这种情况下，就要防止坏情绪会随时爆发。

其次，我们要学会接纳自己的情绪。学会接纳自己的情绪，意思是学会和自己的情绪和平相处。俗话说"金无足赤，人无完人"，我们首先要接受不完美的自己，只有这样，才能接受自己的不良情绪，让其消弭于无形。在商务谈判中，如果某一方过于激动，势必会影响对方的情绪。如果双方都不理智，那么不仅不利于问题的解决，反而会让问题变得更加复杂。沟通的目的是为了合作，不是为了斗气。双方如果不能友好地协商，那么再怎么沟通也是徒劳。因此，我们必须学会控制自己的情绪，平静且理智地直面问题。

最后，要柔和而坚定。在上文中我们谈到要学会控制情绪，控制情绪是为了让双方都能够保持理智，不是让某一方无原则地退让。比如说，在自己的权益被侵犯时，我们要据理力争，而不是忍气吞声。忍气吞声不能够真正解决问题，在原则问题上需要有坚定的立场，态度可以柔和，立场必须坚定。

总而言之，做事情要强调一个"度"，在与人沟通的过程中，过于强势或过于懦弱，都不可取。

◇ 夯实信任的基础

一切美好的关系都建立在信任的基础上，然而世上没有无缘无故的信任，它是双方相互了解、不断磨合之后才产生的。在与人沟通和交流时，夯实信任的基础，能够让沟通顺利地完成。那么，应该怎么夯实信任的基础呢?

把"我"变成"我们"

常把"我"字挂在嘴边，会让人觉得你是一个以自我为中心的人，不好相处;也会让人觉得你喜欢表现，与你合作的话，功劳都会被你抢走。这样的人不管在职场还是在生活中，都不可能受人欢迎。

在沟通中，把"我"变成"我们"，不仅能够彰显自己谦虚的态度，还能拉近彼此之间的距离，取得对方的信任。当对方消除戒备心理时，沟通中的障碍会减少很多，沟通也会顺畅很多。

一个身材微胖的女孩去商场买衣服，试了很多件都不满意，要么穿不上，要么穿上很难看。心情沮丧的女孩决定再逛最后一家店，要是还买不到合适的衣服就果断离开。进到店里后，一个和她身材差不多的店员赶忙走过来问道："逛了很久都没挑到满意的衣服吧？"

"是啊！"

"像咱们这样的胖人不好买衣服，我也经常是逛很久都买不到一件合适的。"

店员的话说到了女孩的心坎上，她点点头说道："是啊，那些漂亮的衣服都没有大码，我根本穿不上。"

店员耐心地和女孩聊起了胖人穿衣秘籍，然后对女孩说："我们店里的衣服很适合咱们这种身材丰满的人穿，号码齐全，穿上后还特别显瘦呢。你要不要试试这件，感觉很适合你。"

在店员"咱们""咱们"的攻势下，女孩兴致勃勃地试穿了很多件衣服，每件都觉得称心如意，一下子买了好几件。

这家服装店的店员正是运用同理心策略，成功地把顾客变成了"自己人",增加了女孩对她的好感度和信任度,最后愉快地完成了一单交易。

与人交谈时,说"我"和"我们"有着天壤之别。说"我们"能够激发对方的参与感,调动对方的积极性和主动性。如果把"我们"换成"我",对方就会产生与你不是一路人的想法,认为你自私自利、自高自大。尤其是在谈判和销售中,这种说话方式会提高对方的防范意识,让你的工作难以展开。

所以,不要总是说"我"如何如何,而要说"我们"如何如何。淡化主观色彩,消弭对峙心理,把对方变成自己人,这样对方才会敞开心扉,话题才能不断深入。情商高的人会经常把"我们"二字挂在嘴边,加深彼此之间的信任,为沟通扫清障碍。

持续沟通,维护信任关系

对于企业来说,维护和客户之间的关系是极其重要的。尤其是在竞争日趋激烈的商业时代,能否维护好与客户的关系,决定着企业的生存与发展。现在很多企业都采用会员制,顾客成为会员之后,除了能够享受一定的折扣之外,还能享受包邮、包退、积分返现、新品尝鲜等优惠。比如，当有促销打折活动的时候就会用 APP 页面推送或者短信、电话通知的形式告知顾客。总之，通过让利和提升客户体验等方式进行客户关系的维护，既拓展了业务，也满足了客户的需求。

总之，一段持久的关系需要时时维护，如果不经常联系，再好的关系也会慢慢变淡。想要维持良好的关系，就需要持续地沟通。在持续的沟通中，让信任逐渐加深，增强彼此的黏度。

◇ 知己知彼

　　在与人沟通的过程中，我们常常更在意自己的情感体验，忽视对方的情绪变化。沟通高手则善于从对方的情绪变化中获取信息，从而帮助自己做出正确的判断，采取积极的措施来促进沟通的圆满完成。在沟通中，与其急切地阐述自己的观点，错过对方的一些情绪变化，不如边说边观察对方的反应。沟通对象的情绪变化，往往关乎沟通能否顺利完成。所以，在沟通过程中，我们要时刻关注对方的情绪变化，了解对方的所思所想，避免沟通的盲目性和低效率。

了解对方的基本信息

在沟通之前，我们需要提前了解对方的基本信息。在沟通过程中，还要仔细观察对方表现出来的一些细微的表情和动作。一旦出现冷场的情况，我们可以投其所好，讨论对方的穿着、爱好等，然后可以围绕这个话题多聊一会儿，既有效地缓解了尴尬，也增加了彼此之间的亲近感。

我身边有个同事前段时间参加了一场相亲会，相亲对象的条件很好，对方在某个一线城市有房有车，有稳定的收入，并且长得一表人才。两个人刚开始接触的时候，彼此都很满意，但是深入沟通之后，同事发现对方自我意识太强，完全不给别人说话的机会。在两人交谈的过程中，对方一直滔滔不绝地阐述自己的观点，我的那位同事完全插不上嘴。同事也曾暗示过他，但是对方根本没有注意到同事的情绪变化，依旧自我感觉良好地侃侃而谈，直到用餐结束。最后，这次相亲无疾而终了。

沟通不是一场独角戏，它需要双方共同完成，只顾着表达自己的看法，把别人当空气，是一种非常不礼貌的行为。有互动的对话，才是真正的沟通。

环境要安静、舒适

良好的沟通一定是在一个让人感到舒适、放松的环境中进行的。当双方都构筑起高高的心理堡垒，那么这次沟通在还未开始就可以宣告失败了。在沟通之前，人们总是不断设想应该使用什么样的沟通手段快速达到理想的沟通效果。无数成功的沟通案例告诉我们，最重要的就是心态。双方在一个安静、舒适的环境中畅所欲言，以一种轻松、平和的心态面对对方，更容易使沟通获得成功。当你身处嘈杂的环境，以紧张的心态与人进行沟通时，只会让自己手足无措或心烦意乱，说出来的话可能颠三倒四、漏洞百出。以放松的心态与人沟通，才有更多的精力去观察对方并做出恰当的反应。

人之相知，贵在知心

张爱玲说："因为懂得，所以慈悲。"在人际交往中，懂得对方的喜好和需求，能让彼此的关系更融洽。

朋友的妈妈是一位大学教师，因为身体不适，去医院检查后发现自己患上了乳腺癌，不得不住院治疗。手术后，亲戚、朋友都来医院看望她。她的同事 F 也来了。F

进了病房后，坐到床边的椅子上跟她说："听系主任说你生了点小病，本来前几天就想过来的，因为年底忙着布置考试，所以拖到现在才来看你。"

听 F 说自己得的是"小病"，朋友妈妈的脸上露出一丝喜悦。F 又说道："我看你的气色挺好，看来恢复得很不错呀。咱们这个岁数得这种病的人还挺多的，两年前，我爱人单位就有人得了这种病，做完手术回家休养了一个月，现在什么事都没有。"朋友的妈妈对自己的病一直很担心，听 F 说跟自己情况一样的人恢复得那么好，心里瞬间踏实多了。

临走的时候，F 说道："我爱人单位发了两张音乐剧的票，时间是下个月底，等你出院了咱们一起去！你好好养着，我过些天到家里去看你。"她的话像阳光一样照进了病人的心里，让朋友的妈妈又鼓起生活的希望和勇气。

在与人沟通的过程中，了解对方的需求，做他的知心人，能大大提升沟通效果。只有明确地知道对方喜欢什么，不喜欢什么，才能知道自己该说什么，如何说；该做什么，如何做。

◇ 难得糊涂

在我们的一生中会遇到形形色色的人，有的言辞犀利，有的为人刻薄，还有的好奇心强或者喜欢捉弄人，从而向你提一些难以回答的问题。如果你不懂得沟通技巧，很容易让气氛变得尴尬，甚至得罪人。在遇到难以回答的问题时，要学会答非所问，"揣着明白装糊涂"，做到既不失礼，又坚持了自己的原则。记住，在与人沟通的过程中，时不时地装装糊涂也是一个高妙的沟通技巧。

"难得糊涂"是一种人生智慧

处处计较不但不利于问题的解决，反而会给我们带来无尽的烦恼。这世上总有一些人喜欢钻牛角尖，大事小事都要分个对错、争个高低。殊不知，世界上的事并非都能分出对错、高低。有时候，装糊涂胜过抖机灵。在与人沟通的过程中懂得装糊涂，能够有效地缓解对方的焦虑情绪，避免双方为了鸡毛蒜皮的小事而大动干戈。

我曾经听过这样一个故事：夫妻两人因为相爱而走到了一起，婚后两个人也有过一段甜蜜的日子。但没过多久，邻居们就开始听到他们的争吵声，两个人的幸福生活似乎走到了尽头。他们为一些生活琐事争吵不休，矛盾越来越深。这时，男主人做出了一个改变，每当女主人向他发脾气的时候，男主人就会笑着说上一句："亲爱的，你生气的样子真好看，我爱你。"从那以后，两个人的关系不仅慢慢恢复了，而且恩爱胜过从前。

避其锋芒，转移话题，以退为进，柳暗花明。只要不是原则问题，都可以装糊涂。"难得糊涂"是一种气度，更是一种智慧。

"难得糊涂"是一门职场艺术

在职场中，我们需要和各种各样的人打交道，与人沟通时千万不能钻牛角尖。处理不好职场中的人际关系，会直接影响我们的职业生涯。

在职场中，大家因为看问题的角度不同、认知水平不同，或者仅仅因为性格差异而产生争执是再正常不过的事情，但是在争执之后，千万不要心存芥蒂，而要做到"对事不对人"。

小张和小王是同一个部门的同事。最近小王升职了，成了小张的顶头上司。有一天，两个人因为工作上的事情产生了一些争执，但是他们的关系并没有因此受到影响，反而合作得更加默契了。有人问小王："你俩前几天吵得那么凶，为什么现在还能相处得这么好呢？"小王回答道："我俩一直都相处得很好啊。"小王的回答，不仅巧妙地消除了外界的猜疑，而且解开了小张的心结，使两人的关系更亲密了。

同事之间难免会产生分歧和矛盾，如果耿耿于怀，肯定会影响工作。"难得糊涂"是明智的选择，体现了一种做人的气度和格局。有些事，不能太认真，也不必太认真，认真你就输了。

"难得糊涂"是自我保全之道

三国时期，曹操唯才是举，广纳贤良。他帐下有一个谋士叫杨修，这是一个恃才傲物、喜欢自作聪明的人。

曹操和刘备在汉中决战的时候，曹操对撤兵与否犹豫不决。有人听到曹操口中一直在说"鸡肋，鸡肋"，便跑去问杨修曹操说这话是什么意思。杨修说："鸡肋，食之无味，弃之可惜。主公想要撤兵了，早做准备吧。"这一传言迅速在士兵中蔓延，致使军心涣散，本来还在犹豫的曹操不得不退兵。此前曹操虽然知道杨修爱卖弄小聪明，但是见他没有影响大局，所以一直睁一只眼闭一只眼。事到如今，杨修泄露军机，曹操岂能容他？最后的结果想必大家也都知道了，杨修被曹操斩杀。

杨修"聪明反被聪明误"，由于不懂得韬光养晦、审时度势，最终招致杀身之祸。

在现实生活中，很多人就是因为太喜欢装聪明，不喜欢装糊涂，才让自己陷入困境。难得糊涂并非真糊涂，而是一种大智若愚式的处世之道。

◇ 对症下药

我们每天都在通过沟通传递各种各样的信息。有效的沟通能够消除矛盾、化解尴尬、推动人际关系的良性发展。但是在沟通过程中，也会出现听不懂对方的意思，抓不住沟通的要点，甚至不能正确地进行自我表达的情况。

沟通失败时，应该认真地回顾、总结和反思，找出问题的关键所在，然后制订切实可行的解决方案，重新调整状态。只有找出问题所在，对症下药，才能够让沟通回到正确的轨道上来。

给讲面子的人一个面子

每个人都有自尊心，通常来说，能力越强的人自尊心也越强，他们习惯于得到鲜花和掌声，习惯于被众星捧月似的簇拥着，所以格外注意自己在他人面前的形象。因此，在和这种人打交道时，如果能够抓住其好面子的心理，那么你们之间的沟通在很大概率上会朝着你希望的方向发展！

在一次部门会议上，王经理谈起某次他拿下一个大客户的经历。为了签一份合同，他跟总经理陪一个大客户吃饭。饭桌上，总经理使出浑身解数，但对方就是不肯在合同上签字。后来，实在是谈不下去了，总经理只能陪客户喝酒聊天，避免场面过于尴尬。

在聊天的过程中，那位客户李总说起德国的一种啤酒。他说这种啤酒比白酒还烈，像他这种"喝遍天下无敌手"的人喝一杯就会倒，甚至打赌说，桌上的人没有一个能喝一瓶。

听了李总的话，王经理高兴极了。他问李总，要是他能喝一瓶，有什么奖励。李总见王经理斯斯文文的，不像是能喝酒的样子，于是笑着说，要是王经理喝干一瓶不醉的话，立刻签合同。

听了李总的话，王经理立即让服务员拿一瓶这种酒过来，几下就喝完了，然后笑着将合同摆在李总面前。李总看他喝完后真的没有醉，只好兑现诺言，在合同上签了字。

　　原来，王经理在来我们公司之前，在那家德国的啤酒公司做过销售，这种酒早就喝过不知道多少回了，所以王经理抓住时机，巧妙地利用李总好面子——说过的话不好意思反悔的特点，让他签下了合同。

　　在现实生活中，好面子的人比比皆是。如果你在与人沟通时遇到了困难，不妨像王经理一样，在对方的面子上做做文章，也许能有意想不到的收获。

主动出击，反客为主

　　实现良好的沟通，需要借助一些技巧，比如主动出击。需要注意的是，在主动出击之前，你需要对对方的心思做出正确的解读，有了这个前提，才能够达到沟通的目的。

　　情侣之间意见不合是在所难免的。有一次，冯倩一整天都没有搭理王磊，而王磊完全不清楚自己的女朋友为什么不理自己，心情非常郁闷。于是，他去问冯倩，冯倩非常生气地说道："自己犯的错，自己不知道吗？"王磊更加郁闷了。他左思右想，怎么也想不明白自己到底做错了什么。突然间，他想起来之前在陪表姐逛街的时候碰到了冯倩，当时冯倩看到他们连声招呼都没打就走了，肯定是那时候产生了误会。猜出原因后，王磊约冯倩晚上一起去看电影，并主动向冯倩解释，之前跟他一起逛街的那个女孩是他的表姐，两个人是亲戚关系。他怕冯倩还是不相信，就拿出两人小时候的照片给她看，这时候冯倩才知道错怪了王磊，两人冰释前嫌，重归于好。

当一段关系出现问题的时候，最好尽快找到问题所在，千万不要拖延。有人认为事情放一放就过去了，然而事实并非如此。放一放，等一等，可能等来的是不好的结局。王磊的做法非常正确，发现问题，主动出击，及时解决。世上没有沟通不了的事，只有不会沟通的人。

后　记

近年来，越来越多的人受到"人际交往障碍""社交恐惧症"的困扰。畏惧与人沟通，害怕说错话、做错事，成了现代人的通病。但是众所周知，沟通在人际交往中必不可少，即使你想逃避，也无处可逃。所以正确地认识沟通、努力提高沟通技巧至关重要。

本书以十堂课的形式为读者多层次、多角度地分析了沟通的方法和技巧，从什么是沟通到如何进行有效沟通，从保证沟通的传输速率到应该规避的沟通禁忌等，全方位地解答了读者朋友在实际沟通过程中可能面临的问题，帮助大家快速掌握行之有效的沟通技巧，以达到高效沟通的目的。

在深入浅出地阐述沟通理论的同时，本书还列举了众多现实生活中常见的生动案例，让读者能够融会贯通，举一反三。

　　沟通技能的提升，不仅能够帮助我们游刃有余地应对复杂的人际关系，还能让我们的人生更加精彩。需要说明的是，沟通技巧只是术，内在的修为才是道。诚如老子在《道德经》中所言："有道无术，术尚可求也；有术无道，止于术。"自觉地修炼人品、德行，提升自己的内在修养，才是最根本的沟通之道。

　　在本书中，我已尽可能地将我所了解的相关知识与大家分享，由于水平有限，错漏在所难免，敬请读者批评指正。